間違った英語学習を
見直そう！！

ルールで覚えず、感じる英文法

著　岸上英幹・西田一弘・日下智博

ふくろう出版

はじめに

　日本人は中学・高校の6年間をかけて、英語を学習しており、中学・高校までの単語・文法で本来はある程度の日常会話ができるはずです。しかし、多くの人は外国人に駅の場所を聞かれてもうまく回答できないのではないでしょうか。ではなぜ、日本人の多くは英語を話せないのでしょうか。それは**英語の文法・単語をフィーリングで理解**していないことが原因の一つです。例えば、あなたは次の2つの英文の違いがわかりますか？

　I found **a** dog.
　I found **the** dog.

　a と the の違いですが、それだけで伝えようとするメッセージが変わってきます。友達の犬が迷子になったとして、the dog なら、「その犬を見つけたよ。」という意味に、a dog なら「どこにでもいる多くの犬の中の一匹を見つけたよ。」という意味になります。
　学校でaとtheの文法上のルールは、もちろん教わっているはずですが、a と the のフィーリングの違いをあなたは感じているでしょうか。私たちは英語を文法のルールに基づいて、日本語に変換するという形で、英語を学習してきました。

　英語　→　ルールで日本語に変換　→　理解

　しかし、英語をルールで日本語に変換するというアプローチには限界があります。まず、**英語の単語や文法が日本語の単語や文法と完全に一対一で対応しているわけではありません。**そのため、どんなに優れた翻訳でも日本語に変換した時点で、表現が少し変わってしまいます。時には英文が適切な日

本語に直せないと言って苦労してきました。

　英語を日本語のルールに置き換えるもう一つの課題は、**覚えないといけないルールが膨大になり、暗記するのが大変なことです。本書で提案している文法や単語のフィーリングをつかめれば、日本語に置き換えずに文が理解できるようになり、複雑なルールに惑わされなくなります。**

　　英語　→　フィーリングで理解

　言葉をフィーリングで理解するというのは、実は特別なことではありません。例えば、文章に何度も出てくる難しい言葉を、あなたはいちいち調べて来ましたか。その言葉は、辞書で意味を調べて、覚えて、学習したのではなく、日常の会話の中から自然とフィーリングで意味を理解したのだと思います。同様に、本書では英文を読みながら、文法のフィーリングを学んでいきます。

　英語母語話者から見た基本的な文法のフィーリングがわかれば、英文を英文のままで理解し、日常の会話ばかりでなく、文化的・伝統的・学術的な英語を発信して、相互のコミュニケーションができる日が来ると確信しています。

　本書の構成は第1章から第4章までは短い物語を通して、英語母語話者から見た基本的な英文法のフィーリングをつかむことを目標としています。第5章から第8章までは、理論も含め、練習問題を中心に英文法の理解を深めていきます。なお、第5章　準動詞と第6章　話法では、「考えるべき事柄」と「その解答」をセットで述べる形式で進んでいます。

　さあ、英語のフィーリングをエンジョイしましょう！

目　次

はじめに　*1*
目次　*3*

第1章　前置詞 ———————————————————— *7*
物語で前置詞のフィーリングをつかもう！ *7*
テーマ１：場所を表す前置詞のフィーリングを感じよう！ *7*
　「トムの忙しい朝」 *8*
テーマ２：方向・目的などを表す前置詞のフィーリングを感じよう！ *14*
　「エマへの贈り物」 *15*
テーマ３：所属・部分・材料などを表す前置詞のフィーリングを感じよう！ *18*
　「静かな朝の美しさ」 *18*
　　　問題 *25*

第2章　現在完了形 ———————————————————— *26*
物語で現在完了形のフィーリングをつかもう！ *26*
テーマ：過去形と現在完了形の違いを感じよう！ *26*
　「秘密の庭の冒険」 *26*
　　　問題 *37*

第3章　受動態 ———————————————————— *39*
物語で受動態のフィーリングをつかもう！ *39*
テーマ：能動態と受動態の違いを感じよう！ *39*
　「迷子の子犬」 *39*
　　　問題 *48*

第4章　5文型 ———————————————————— *50*
物語で5文型のフィーリングをつかもう！ *50*

3

テーマ１：主語と動詞の位置を感じよう！ *50*
　「誕生日のサプライズ」 *50*
テーマ２：目的語の役割を感じよう！ *52*
　「風に揺れる花と蝶」 *53*
テーマ３：補語の役割を感じよう！ *56*
　「二人の友人の物語」 *56*
　問題 *68*

コラム１：AIが英語を学習する仕組みと人間の脳 *70*

第５章　準動詞 _____ *73*
準動詞とは何か？ *73*
準動詞：不定詞、動名詞、現在分詞、過去分詞、分詞構文の品詞は何か？
　（復習）... *90*
不定詞と動名詞のまとめ　―暗記編― *94*
　問題 *95*
準動詞の問題を使って、to 〜、-ing、-ed の違いをつかもう！ *100*
　問題 ＜不定詞と動名詞 No.1＞ *100*
　問題 ＜不定詞と動名詞 No.2＞ *101*
　問題 ＜不定詞と動名詞 No.3＞ *104*
　問題 ＜現在分詞と過去分詞＞ *105*
　問題 ＜分詞構文＞ *106*

コラム２：なぜ動詞のing形には名詞的意味と動詞的意味が混在しているのか？　*108*

間接話法、関係代名詞・関係副詞、仮定法とはどのようなものか？ *112*

第6章　話法 — *113*
問題 <話法> *117*

第7章　関係代名詞・関係副詞 — *120*
問題 <関係代名詞・関係副詞> *127*

第8章　仮定法 — *130*
問題 <仮定法> *132*

参考資料 — *135*
1．文の要素と単語の品詞 *135*
2．5文型（形式と意味） *135*
3．5文型（例文） *135*

あとがき　*137*
著者略歴と執筆箇所　*138*

第1章　前置詞

物語で前置詞のフィーリングをつかもう！

　前置詞（preposition）は、名詞／代名詞の前に置かれて、その語句と文の動詞が、どのような関係にあるかを示す言葉です。場所、時間、方向、手段などの関係を表現するのが主な役割です。

本章で取り上げる主な前置詞
1. 場所を表すもの（どこにいるか、どこから来たか）
   at, on, in, from, off など
2. 方向・目的などを表すもの（どこに向かうか、何のためか）
   to, for など
3. 所属・部分・素材を表すもの（何でできているか）
   of など

テーマ1：場所を表す前置詞のフィーリングを感じよう！

　場所を表す前置詞は主に、at, on, in, from, off です。

at: 特定の場所を示す。
　　"at the corner", "at the door"
on: 接触を示す。
　　"on the ground"
in: 内部を示す。
　　"in his small bedroom", "in the hallway"

from: 出所や始点を示す。

　"from the kitchen", "from his desk"

off: 離れる動作や位置を示す。

　"off the table", "off the couch"

　本文の説明においては、前置詞は{ }、前置詞が修飾している名詞（句）は（　）でくくっています。

「トムの忙しい朝」

　Tom woke up at 7 a.m. every day. His alarm clock was always placed at the corner of his desk. He stayed in his small bedroom for a while, staring at the posters on the wall.

　Suddenly, he heard a noise from the kitchen. His cat, Whiskers, had jumped off the table and was playing with a spoon. Tom walked in the hallway and reached the kitchen, where his mom was cooking.

　"Tom, please take your dirty socks off the couch," she said with a smile.

　"Sure, Mom," Tom replied, picking up the socks and taking them to the laundry basket.

　Tom then grabbed a cookie from the plate that his mom had prepared.

　After breakfast, Tom packed his bag and left it at the door. His mom reminded him, "Don't forget to get your water bottle in your room."

　Tom quickly ran into his room and took the bottle from his desk. When he left the house, he saw that a tree branch had fallen from the tree on the ground. Tom picked it up and carefully moved it to the side of the garden.

Then he got on his bike which was parked at the garage door. He rode toward the school, enjoying the cool breeze.

Tom woke up {at} (7 a.m.) every day.
トムは毎日午前7時に起きました。

His alarm clock was always placed {at} (the corner) {of} (his desk).
彼の目覚まし時計はいつも机の隅に置かれていました。

He stayed {in} (his small bedroom) {for} (a while), staring {at} (the posters) {on} (the wall).
彼はしばらく小さな寝室にいて、壁のポスターを眺めていました。

Suddenly, he heard a noise {from} (the kitchen).
突然、彼は台所からの音を聞きました。

His cat, Whiskers, had jumped {off} (the table) and was playing {with} (a spoon).
彼の猫、ウィスカーズがテーブルから飛び降り、スプーンで遊んでいました。

Tom walked {in} (the hallway) and reached the kitchen, where his mom was cooking.
トムは廊下を歩いて台所に行くと、そこで母が料理をしていました。

"Tom, please take your dirty socks {off} (the couch)," she said {with} (a smile).

「トム、ソファから汚れた靴下をどけてちょうだい、」と母は笑顔で言いました。

"Sure, Mom," Tom replied, picking up the socks and taking them {to} (the laundry basket).
「わかったよ、ママ、」とトムは靴下を拾い、それを洗濯かごに持って行きました。

Tom then grabbed a cookie {from} (the plate that his mom had prepared).
その後、トムは母が準備したお皿からクッキーを取って食べました。

{After} (breakfast), Tom packed his bag and left it {at} (the door).
朝食の後、トムはバッグを詰めてドアのところに置きました。

His mom reminded him, "Don't forget to get your water bottle {in} (your room)!"
母は「部屋にある水筒を取るのを忘れないでね！」とトムに思い出させました。

Tom quickly ran {into} (his room) and took the bottle {from} (his desk).
トムは急いで自分の部屋に走り、机から水筒を取りました。

When he left the house, he saw that a tree branch had fallen {from} (the tree) {on} (the ground).
家を出ると、彼は木の枝が木から地面に落ちているのを見ました。

Tom picked it up and carefully moved it {to} (the side) {of} (the garden).
トムはその枝を拾い、それを庭の端に慎重に動かしました。

Then he got {on} (his bike) which was parked {at} (the garage door).
それから彼はガレージのドアのところに停めていた自転車に乗りました。

He rode {toward} (the school), enjoying the cool breeze.
彼は涼しい風を楽しみながら、学校へ向かいました。

テーマ1の解説

Tom woke up {at} (7 a.m.) every day.
トムは毎日午前7時に起きました。

His alarm clock was always placed {at} (the corner) {of} (his desk).
彼の目覚まし時計はいつも机の隅に置かれていました。

at: 机の「隅」という特定の地点を指しているため使われています。

He stayed {in} (his small bedroom) {for} (a while), staring {at} (the posters) {on} (the wall).
彼はしばらく小さな寝室にいて、壁のポスターを眺めていました。

in: 部屋という囲まれた空間の内部を表すために使用されています。
at: ポスターという具体的な対象に視線を向けることを表しています。
on: ポスターは壁に接触してはられている状態を示しています。

Suddenly, he heard a noise {from} (the kitchen).
突然、彼は台所からの音を聞きました。
from: 音の出所（台所）を指し示すために使用されています。

His cat, Whiskers, had jumped {off} (the table) and was playing {with} (a spoon).
彼の猫、ウィスカーズがテーブルから飛び降り、スプーンで遊んでいました。

off: 猫がテーブルという高い位置から離れる動作を表すために使用されています。

Tom walked {in} (the hallway) and reached the kitchen, where his mom was cooking.
トムは廊下を歩いて台所に行くと、そこで母が料理をしていました。

in: 廊下という囲まれた空間内を移動していることを示すため使われています。

"Tom, please take your dirty socks {off} (the couch)," she said {with} (a smile).
「トム、ソファから汚れた靴下をどけてちょうだい、」と母は笑顔で言いました。

off: 靴下をソファという表面から取り除く動作を表しています。

"Sure, Mom," Tom replied, picking up the socks and taking them {to} (the laundry basket).
「わかったよ、ママ、」とトムは靴下を拾い、それを洗濯かごに持って行きました。

Tom then grabbed a cookie {from} (the plate that his mom had prepared).
その後、トムは母が準備したお皿からクッキーを取って食べました。

from: クッキーの出所であるお皿を指し示しています。

{After} (breakfast), Tom packed his bag and left it {at} (the door).
朝食の後、トムはバッグを詰めてドアのところに置きました。

at: バッグを置いた「ドア付近」という特定の地点を表しています。

His mom reminded him, "Don't forget to get your water bottle {in} (your room)!"
母は「部屋にある水筒を取るのを忘れないでね！」とトムに思い出させました。

in: 水筒が部屋という囲まれた空間内にあることを表しています。

Tom quickly ran {into} (his room) and took the bottle {from} (his desk).
トムは急いで自分の部屋に走り、机から水筒を取りました。

from: 机が水筒の出所であることを指しています。

When he left the house, he saw that a tree branch had fallen {from} (the tree) {on} (the ground).
家を出ると、彼は木の枝が木から地面に落ちているのを見ました。

from: 枝が木から離れて落ちた様子を示しています。
on: 木の枝が地面に接して落ちている状態を示しています。

Tom picked it up and carefully moved it {to} (the side) {of} (the garden).
トムはその枝を拾い、それを庭の端に慎重に動かしました。

Then he got {on} (his bike) which was parked {at} (the garage door).
それから彼はガレージのドアのところに停めていた自転車に乗りました。

at: 自転車が「ガレージのドア付近」という特定の地点にあることを示しています。

He rode {toward} (the school), enjoying the cool breeze.
彼は涼しい風を楽しみながら、学校へ向かいました。

　場所を表す前置詞に注意して、もう一度物語を読み直してみましょう。

テーマ２：方向・目的などを表す前置詞のフィーリングを感じよう！

to: 動作の「方向」を表わす。
"give a gift {to} (her)"

for: 動作の「目的」や「対象」を表わす。
"perfect {for} (Emma)", "use it {for} (my stories)"

　本文の説明においては、前置詞は{ }、前置詞が修飾している代名詞、名詞（句）は( )でくくっています。

第 1 章　前置詞

「エマへの贈り物」

　It was Emma's birthday, and her brother Jack wanted to give a gift to her. He walked to the store and bought a beautiful diary. The shopkeeper wrapped the diary and said, "This is a special one for writers."
　Jack smiled and said, "It's perfect for Emma. She loves writing."
　When Jack arrived home, he handed the diary to Emma.
　"This is for you, Emma," he said.
　Emma was so happy and said, "Thank you, Jack! I will use it for my stories."

It was Emma's birthday, and her brother Jack wanted to give a gift {to} (her).
今日はエマの誕生日で、兄のジャックは彼女に贈り物をあげたいと思っていました。

He walked {to} (the store) and bought a beautiful diary.
彼はお店へ歩いて行き、美しい日記帳を買いました。

The shopkeeper wrapped the diary and said, "This is a special one {for} (writers)."
店主はその日記帳を包み、「これは作家のための特別なものですよ。」と言いました。

Jack smiled and said, "It's perfect {for} (Emma). She loves writing."
ジャックは微笑み、「エマにぴったりです。彼女は書くのが大好きなんです。」と言いました。

15

When Jack arrived home, he handed the diary {to} (Emma).
ジャックが家に着くと、彼はエマに日記帳を手渡しました。

"This is {for} (you), Emma," he said.
「これは君のためだよ、エマ、」と彼は言いました。

Emma was so happy and said, "Thank you, Jack! I will use it {for} (my stories)."
エマはとても喜び、「ありがとう、ジャック！これを物語を書くのに使うわ。」と言いました。

テーマ2の解説

It was Emma's birthday, and her brother Jack wanted to give a gift {to} (her).
今日はエマの誕生日で、兄のジャックは彼女に贈り物をあげたいと思っていました。

to: "give"の動作の方向性を示し、贈り物がジャックからエマに渡ることを表しています。

He walked {to} (the store) and bought a beautiful diary.
彼はお店へ歩いて行き、美しい日記帳を買いました。

to: ジャックが移動した方向を示しています。

The shopkeeper wrapped the diary and said, "This is a special one {for} (writers)."

店主はその日記帳を包み、「これは作家のための特別なものですよ。」と言いました。

for: 日記帳が「作家の利益となるように作られた」ことを示しています。

Jack smiled and said, "It's perfect {for} (Emma). She loves writing."
ジャックは微笑み、「エマにぴったりです。彼女は書くのが大好きなんです。」と言いました。

for:「エマにとって」ふさわしい、つまりエマが対象であることを示しています。

When Jack arrived home, he handed the diary {to} (Emma).
ジャックが家に着くと、彼はエマに日記帳を手渡しました。

to: 日記帳がジャックからエマに「手渡される方向」を表しています。

"This is {for} (you), Emma," he said.
「これは君のためだよ、エマ、」と彼は言いました。

for: 日記帳が「エマのために」用意されたものであることを示し、対象を強調しています。

Emma was so happy and said, "Thank you, Jack! I will use it {for} (my stories)."
エマはとても喜び、「ありがとう、ジャック！これを物語を書くのに使うわ。」と言いました。

for: 日記帳を「物語を書くために使う」という目的を表しています。

テーマ 3：所属・部分・材料などを表す前置詞のフィーリングを感じよう！

of: 所属・部分・材料などを表わす。
"the smell {of} (fresh flowers)", "a vase {of} (roses)"

　本文の説明においては、前置詞は{ }、前置詞が修飾している名詞（句）、代名詞は( )でくくっています。

「静かな朝の美しさ」

　Anna loved the smell of fresh flowers in the morning. She placed a vase of roses on the table in her living room. The petals of the roses were soft and pink.
　Anna opened a book of poems that she had bought last week. Outside the window, the sound of birds singing filled the air. The beauty of her quiet morning made her smile.

Anna loved the smell {of} (fresh flowers) {in} (the morning).
アンナは朝の新鮮な花の香りが大好きでした。

She placed a vase {of} (roses) {on} (the table) {in} (her living room).
彼女は居間のテーブルの上にバラの花瓶を置きました。

The petals {of} (the roses) were soft and pink.
バラの花びらは柔らかくてピンク色でした。

Anna opened a book {of} (poems that she had bought last week).
アンナは先週買った詩集を開きました。

{Outside} (the window), the sound {of} (birds singing) filled the air.
窓の外では、鳥のさえずりが空気を満たしていました。

The beauty {of} (her quiet morning) made her smile.
静かな朝の美しさが彼女を微笑ませました。

テーマ3の解説

Anna loved the smell {of} (fresh flowers) {in} (the morning).
アンナは朝の新鮮な花の香りが大好きでした。

of: "fresh flowers"が"smell"の出所であることを示しています。「〜の香り」という意味です。

She placed a vase {of} (roses) {on} (the table) {in} (her living room).
彼女は居間のテーブルの上にバラの花瓶を置きました。

of: "roses"が"vase"を構成する内容であることを示しています。「〜の花瓶」という意味です。

The petals {of} (the roses) were soft and pink.
バラの花びらは柔らかくてピンク色でした。

of: "roses"が"petals"の所有者や起点であることを示しています。「バラの花びら」という関係を表します。

Anna opened a book {of} (poems that she had bought last week).
アンナは先週買った詩集を開きました。

of: "poems"が"book"に含まれる内容であることを示しています。「詩の本」という構成を表します。

{Outside} (the window), the sound {of} (birds singing) filled the air.
窓の外では、鳥のさえずりが空気を満たしていました。

of: "birds singing"が"sound"の出所を表しています。「鳥のさえずりの音」という意味です。

The beauty {of} (her quiet morning) made her smile.
静かな朝の美しさが彼女を微笑ませました。

of: "her quiet morning"が"beauty"の対象や起因であることを示しています。「静かな朝の美しさ」という関係を表します。

前置詞のまとめ
1. 場所を表すもの（どこにいるか、どこから来たか）
    at, in, from, off など
2. 方向・目的などを表すもの（どこに向かうか、何のためか）
    to, for など
3. 素材を表すもの（何でできているか）
    of

フィーリングを理論で再確認

フィーリングを理論で再確認することで理解を深めましょう。

前置詞は先述のように、名詞の前に置いて、その語句と文が、どのような関係にあるかを示す言葉です。その動作が行われる場所、時間、方向、手段などを表すのが主な役割です。

ストーリーの中でも紹介しましたように、一つの前置詞が多くの役割を持つことがあります。これらの意味を一つ一つ覚えるのではなく、その根底にある共通のフィーリングを感じられたでしょうか。

1. "at" のフィーリング

at の根底にある共通のフィーリングは「ある一点を指している」ということです。この「一点を指す」というフィーリングが場所、時間、対象、状態など、様々な文脈に応じて使われているのです。具体的に例文で見てみましょう。

① 場所
   Mary is {at} (the park).
   公園という特定の一点
② 時間
   The bus arrives {at} (10:00 a.m.).
   午前10時という特定の時刻
③ 目標、方向
   Tom kicked the ball {at} (the wall).
   壁という特定のものを目標にしている。
④ 状態、状況
   Tom is {at} (a loss).

困惑という感情の一点

このように前置詞は文脈ごとの個々の訳語にこだわらずに、共通するフィーリングを理解すれば良いのです。

2. "in" のフィーリング

このフィーリングは at を理解された方には難しくないでしょう。
in は「一点」のある場所が「囲まれた空間内」または「囲まれた枠内に止まる」フィーリングです。

I am {in} (my room).
この in は囲まれた空間を表しています。

This letter is written {in} (English).
手紙は英語だけではなく他の言語で書かれたものもありますが、この手紙は英語という枠内で書かれているというフィーリングなのです。意外とクリアな感じがしませんか？

3. 方向、目的などを表す "to" と "for" のフィーリング

to の根底に見られる共通フィーリングと for の根底に見られる共通フィーリングの違いは何でしょう。

to: 具体的な方向や対象（到達点）を示します。
for: 目的（恩恵、利益、理由など）を示します。

I went {to} (Kyoto).
京都に到着していることを to で表しています。

This letter is addressed {to} (you).
手紙の到着点を表すために to を使っています。

I bought this flower {for} (my mother).
母親にとっての「恩恵」というフィーリングです。

She is very kind {to} (me).
彼女が親切にしていても、自分が彼女に親切にしているかはわかりません。

She is very kind {for} (me).
彼女が私に親切にしてくれており、私も彼女に親切にしています。to は「一方通行」で、for は「対面通行」です。

This gift is {to} (you).
あなたに送るギフト（目的地であり一方通行）を表しています。

This gift is {for} (you).
あなたのためのギフト（恩恵）を表しています。

4. 所属・部分・材料などを表す "of" のフィーリング

of の根底に見られる共通フィーリングは「A」と「B」の関係を示す前置詞です。この関係性が文脈に応じて次のような意味になります。

① 全体「A」から、一部「B」を取り出す。
　a piece {of} (cake)
　ケーキという全体から 1 切れを取り出す。

② 材料、素材「A」から、製品「B」を作る。

This table is made {of} (wood).
木材からテーブルを作る。

③ 原因「A」から結果「B」が起こることを示す。
He died {of} (cancer).
癌から死が来るフィーリングです。

④ 「A」と「B」がくっついて離れないフィーリングです。
a friend {of} (mine).
つながりが強い単語の結びつきを表わす。友達の内の不特定な友達一人です。

コミュニケーションに大事な前置詞

前置詞を間違えて、ピンチになったハンター。猟友会のメンバーが次のような話をしていました。
"I shot at that bear today, and I am so excited."
これを聞いていた別のハンターは外に出てお弁当を食べていた時、ふと顔を上げると、そこに仕留めたはずの熊がいるではありませんか。

最初のハンターは "I shot at that bear." と言っていました。実は shot at の at という前置詞は「〜の方向、〜の周辺」と言う意味だったのです。ですから「熊のいる方向に向けて銃を撃ちました。」という意味になり、当たったかどうかは分からないのです。

では、熊を撃ったという意味にするには、どうすれば良いのでしょうか。
"I shot that bear today." であれば、熊が撃たれたことになります。
前置詞の理解もコミュニケーションに大切ですね。

第 1 章　前置詞

問題

次の下線部に適切な前置詞：at, in, from, off, to, for, of を選びなさい。

1.
   ① She is angry _____ John.
   ② We are going _____ the park this afternoon.
   ③ The picture fell _____ the wall.
   ④ He borrowed a book _____ his friend.

2.
   ① She lives _____ a big city.
   ② He seeks _____ fame.
   ③ He is afraid _____ snakes.
   ④ The teacher spoke _____ the students kindly.

3.
   ① She looked _____ the stranger.
   ② I come _____ Japan.
   ③ You should keep _____ the grass.
   ④ He filled _____ the application.

4.
   ① The keys are _____ the table.
   ② This book belongs _____ me.
   ③ She apologized _____ her mistake.
   ④ We are proud _____ our achievements.

解答

2. ① in, ② for, ③ of, ④ to　　4. ① on, ② to, ③ for, ④ of

第2章　現在完了形

物語で現在完了形のフィーリングをつかもう！

テーマ：過去形と現在完了形の違いを感じよう！

過去形
　「過去の出来事」を強調する「時制」
I practiced karate for 3 years.
　（私は空手を3年間練習しました。）

現在完了形
　「過去の動作の結果としての現在の状態」を強調して、「アスペクト」（動作の持続性）を表す。
I **have practiced** karate for three years. / I **have been practicing** karate for three years.
（私は今まで3年間、空手を練習しています。）
※　前者は完了を、後者は継続を重視している。

　本文の説明においては、過去形は(　)、現在完了形は{　}でくくっています。_____は修飾語です。

「秘密の庭の冒険」

　Lila has always loved gardening. She has planted flowers, vegetables, and even small trees in her backyard.

One day, while she was digging a hole for a new plant, she found an old, rusty key. The key looked unusual, so she decided to show it to her grandfather.

Her grandfather said, "I have never seen this key before, but it might belong to the gate of an old garden behind the house."

Lila was surprised. "There's a garden behind the house?"

Her grandfather smiled. "Yes, but it has been locked for many years."

Lila felt excited and asked, "Can I try this key?"

The next morning, she went to the back of the house and found the large gate covered in vines. She inserted the key into the lock, and it worked perfectly. The gate creaked open, revealing a hidden garden full of overgrown plants and flowers.

Lila said, "I have found a secret garden!"

She spent the whole day cleaning and trimming the plants. When her grandfather saw the garden, he smiled and said, "You have brought it back to life."

Lila replied, "I have always dreamed of finding a place like this."

By the time the sun set, the garden looked beautiful again.

Lila {has always loved} gardening.
ライラはずっとガーデニングが大好きでした。

She {has planted} flowers, vegetables, and even small trees in her backyard.
彼女は裏庭に花や野菜、小さな木までも植えてきました。

One day, while she (was digging) a hole for a new plant, she (found) an old, rusty key.
ある日、彼女が新しい植物のために穴を掘っている時、古くてさびた鍵を見つけました。

The key (looked) unusual, so she (decided) to show it to her grandfather.
その鍵は珍しく見えたので、彼女はおじいさんに見せることにしました。

Her grandfather (said), "I {have never seen} this key before, but it (might) belong to the gate of an old garden behind the house."
おじいさんは言いました、「この鍵は見たことがないけど、家の裏の古い庭の門のものかもしれない。」

Lila (was surprised). "There's a garden behind the house?"
ライラは驚きました、「家の裏に庭があるの？」

Her grandfather (smiled). "Yes, but it {has been locked} for many years."
おじいさんは微笑みました。「そうだよ、でも何年も鍵がかかっているんだ。」

Lila (felt) excited and (asked), "Can I try this key?"
ライラはわくわくして尋ねました、「この鍵を試してみてもいい？」

The next morning, she (went) to the back of the house and (found) the large gate covered in vines.
翌朝、彼女は家の裏に行き、ツタに覆われた大きな門を見つけました。

She (inserted) the key into the lock, and it (worked) perfectly.
彼女はその鍵を錠に差し込み、それはぴったり合いました。

The gate (creaked) open, revealing a hidden garden full of overgrown plants and flowers.
門がギーギーと音を立てて開くと、伸び放題の植物と花でいっぱいの隠された庭が現れました。

Lila (said), "I {have found} a secret garden!"
ライラは言いました、「秘密の庭を見つけたわ！」

She (spent) the whole day cleaning and trimming the plants.
彼女は一日中植物をきれいにし、手入れをしました。

When her grandfather (saw) the garden, he (smiled) and (said), "You {have brought} it back to life."
おじいさんがその庭を見た時、彼は微笑んで言いました、「君がこの庭を再び生き返らせたんだね。」

Lila (replied), "I {have always dreamed} of finding a place like this."
ライラは応えました、「ずっとこんな場所を見つけるのが夢だったの。」

By the time the sun (set), the garden (looked) beautiful again.
日が沈む頃には、その庭は再び美しい姿になっていました。

テーマの解説
Lila {has always loved} gardening.
ライラはずっとガーデニングが大好きでした。

現在完了形： has always loved
ガーデニングが好きという状態が過去から現在まで続いていることを表しています。「ずっと」という意味の always が継続を示しています。

She {has planted} flowers, vegetables, and even small trees in her backyard.
彼女は裏庭に花や野菜、小さな木までも植えてきました。

現在完了形： has planted
ライラが裏庭に植物を植えてきた「経験」を示しています。この行動が現在の「ガーデニングが好き」という状態に関連しているため、現在完了形です。

One day, while she (was digging) a hole for a new plant, she (found) an old, rusty key.
ある日、彼女が新しい植物のために穴を掘っている時、古くてさびた鍵を見つけました。

過去進行形： was digging   過去形： found
過去の特定の１日に起きた具体的な行動や出来事を描写しています。時間の流れを示すために過去進行形：was digging と過去形：found を使っています。

The key (looked) unusual, so she (decided) to show it to her grandfather.
その鍵は珍しく見えたので、彼女はおじいさんに見せることにしました。

過去形： looked, decided
鍵が珍しく見えたこと、そしておじいさんに見せると決めたという過去の行動を描写しているため、過去形です。

Her grandfather (said), "I {**have** <u>never</u> **seen**} this key before, but it (might) belong to the gate of an old garden behind the house."
おじいさんは言いました、「この鍵は見たことがないけど、家の裏の古い庭の門のものかもしれない。」

過去形： said
過去の特定の時に起こったことなので過去形です。

現在完了形： have <u>never</u> seen
おじいさんがこれまでその鍵を見たことがないという「経験」を述べています。"never", "before"が経験を示しています。

Lila (was surprised). "There's a garden behind the house?"
ライラは驚きました。「家の裏に庭があるの？」

過去形： was surprised ＜受動態＞
ライラが驚いたという、過去の特定の瞬間の感情を表現しています。

Her grandfather (smiled). "Yes, but it {**has been locked**} for many years."
おじいさんは微笑みました。「そうだよ、でも何年も鍵がかかっているんだ。」

過去形： smiled
過去の特定の瞬間に微笑んだという具体的な行動を述べています。

現在完了形： has been locked ＜受動態＞
庭が長年鍵がかかっていた（かけられた）状態であったことを示し、過去か

ら現在までの継続を表しています。受動態の現在完了形です。

Lila (felt) excited and (asked), "Can I try this key?"
ライラはわくわくして尋ねました、「この鍵を試してみてもいい？」

過去形： felt, asked
ライラが鍵を試してみたくなったという過去の具体的な感情や行動を述べています。

The next morning, she (went) to the back of the house and (found) the large gate covered in vines.
翌朝、彼女は家の裏に行き、ツタに覆われた大きな門を見つけました。

過去形： went, found
次の日の朝に起こった一連の具体的な行動を描写しているため、過去形が使われています。

She (inserted) the key into the lock, and it (worked) perfectly.
彼女はその鍵を錠に差し込み、それはぴったり合いました。

過去形： inserted, worked
鍵を差し込み、うまく作動したという過去の出来事を順番に描写しています。

The gate (creaked) open, revealing a hidden garden full of overgrown plants and flowers.
門がギーギーと音を立てて開くと、伸び放題の植物と花でいっぱいの隠された庭が現れました。

過去形： creaked
門が開いて庭が現れるという過去の一連の出来事を表現しています。具体的な瞬間を描写しているため過去形です。

Lila (said), "I {**have found**} a secret garden!"
ライラは言いました、「秘密の庭を見つけたわ！」

過去形： said
過去の事実を述べているだけですから過去形です。

現在完了形： have found
ライラが「秘密の庭を見つけた」という行動が現在の発見の喜びに関連しているため、現在完了形が使われています。

She (spent) the whole day cleaning and trimming the plants.
彼女は一日中植物をきれいにし、手入れをしました。

過去形： spent
一日を費やしたという具体的な過去の行動を示しているため、過去形です。

When her grandfather (saw) the garden, he (smiled) and (said), "You {**have brought**} it back to life."
おじいさんがその庭を見た時、彼は微笑んで言いました、「君がこの庭を再び生き返らせたんだね。」

過去形： saw, smiled, said
おじいさんが庭を見て微笑んで言ったという過去の特定の瞬間を描写してい

33

ます。

現在完了形： have brought
ライラが庭を蘇らせたという過去の行動が現在の庭の状態に影響しているため、現在完了形です。

Lila (replied), "I {**have** <u>always</u> **dreamed**} of finding a place like this."
ライラは応えました、「ずっとこんな場所を見つけるのが夢だったの。」

現在完了形： have <u>always</u> dreamed
ライラが「こんな場所を見つけることを夢見てきた」という、過去から現在まで続く状態を表現しています。replied（応えました）は、過去の事実を述べています。

By the time the sun (set), the garden (looked) beautiful again.
日が沈む頃には、その庭は再び美しい姿になっていました。

過去形： set, looked
日が沈み、庭が美しく見えたという過去の具体的な出来事を述べています。

現在完了形のまとめ

現在完了形のフィーリングは次のようなものになります。

過去形：「過去の出来事」を強調する。現在には影響を及ぼしていません。
I (practiced) karate for three years.
（私は空手を 3 年間練習しました。）

現在完了形：「過去の動作の結果としての現在の状態」を強調する。

I {**have practiced**} karate for three years.
（私は今まで3年間、空手を練習しています。）

※　I {**have been practicing**} karate for three years.
（私は今まで3年間、空手を練習しています。）
　現在完了進行形にすると、より継続が強調され、これからもずっとし続けるイメージです。

フィーリングを理論で再確認

　フィーリングを理論で再確認することで理解を深めましょう。

「時制」と「アスペクト」（動作の持続性）

　「have + 過去分詞」は、過去にやっていたことをやり終えて、その結果、今どういう状態になっているかを表します。これは、過去、現在、未来という「時制」ではなく「アスペクト」（動作の持続性）として区分されます。アスペクトには他には進行形があります。

　完了のアスペクトでは動作の完了、結果、経験、継続を表しますが、動詞の意味や文中に使われている副詞などから想像ができますので心配はいりません。
　完了や結果を表す文には just や already が、否定文や疑問文では yet などがよく使われます。
　経験を表す文には before, never, ever, once, many times, often などがよく使われます。
　継続を表す文には for, since, How long などがよく使われます。

コミュニケーションに大事な現在完了形

　次の文は Linda 先生と留学生の太郎との会話です。太郎が奇妙なことを言ったので Linda 先生は困っています。フィーリングで何を困っているのか、見つけてみましょう。

Linda： Have you done your homework, John?
Taro： Yes, I've done it yesterday.
Linda： What? I'm confused. I don't understand what you are saying. Did you do it yesterday?
Taro： Yes, I did it yesterday, and I still feel proud today.
Linda： Hmmm! Any way, I'd like to see your homework.
Taro： Sure, here it is!

　太郎が一言、余計なことを言ったので、Linda 先生は混乱したようです。お分かりになりましたか？
　それは太郎の "I've done it yesterday." にあります。太郎は宿題を昨日終えたことを強調したくて、完了形にしたところまでは良かったのですが、うっかり文末に yesterday という過去を意味する単語を使ってしまったのです。
　現在完了形の文には「現在と切り離された特定の過去を示す語（句）は使えない」のです。

過去を表す主な語句

　ago 今から前、then その時、just now ついさっき、yesterday 昨日、last night 昨夜、in 2024（特定の過去の年）2024 年に、When いつ、when（〜の時）＋ 主語 ＋ 動詞の過去形

　そして、最後になりましたが、よく間違えるのが just now（ついさっき）

という語句です。これは過去の一定の時を示しますので使用不可です。さらに紛らわしいのは、この語句が分かれて just（ちょうど）、now（今）の意味となると使用可なのです。面白いですね。

現在完了形の根底に流れるフィーリング

　実は、現在完了形の根底に流れるフィーリングは大昔からありました。私たちが現在完了形を難しく思うのは、歴史的な原因があるからかもしれません。古英語（450頃〜1150頃）の時代では、現在の I have written a letter. を I have a letter written.（have ＋ 目的語 ＋ 過去分詞）と表現していたようです。この文を文字通りに訳すと、「私は今、過去に書かれた手紙を持っている。」ということになります。これを見ると当時の完了形は I have a letter. という現在時制と受け身を表す written を合体した形とも言えます。中心は現在時制のフィーリングなのです。古英語の「have ＋ 目的語 ＋ 過去分詞」では、まず、現在手紙を持っている状態を表し、その後に過去の意味が強い過去分詞を使っていました。現代英語の「have ＋ 過去分詞」のフィーリングは、過去の出来事が現在とつながっている状態を表す「アスペクト」(動作の持続性)として活用されています。フィーリングとしては古英語の表現の方が分かりやすいと思いませんか。私たちが現在完了形で戸惑うのは当然のことかも知れません。

|問題|

　次の英文を完成させるのに最も適切な語〈句〉を選びなさい。

1.　How long have you ＿＿＿＿＿＿ in bed?
　　① lying　　② lied　　③ lain　　④ laid

2. Surely, the train _____ the station; there is nobody on the platform.
   ① leaves   ② starting   ③ has left   ④ has started

3. "I took the exam. It was really hard." "_____ a lot before you took it?"
   ① Do you study   ② Would you study
   ③ Have you studied   ④ Had you studied

4. "Have you ever been to the USA?" "I _____ there last year.
   ① go   ② have gone   ③ have been   ④ went

解答
2. ③   4. ④

第3章　受動態
物語で受動態のフィーリングをつかもう！

テーマ：能動態と受動態の違いを感じよう！

　英語には主語が動作を行う「能動態」の文と主語が「〜される」という「受動態」の文があります。
　能動態とは主語が「動作を行う」ことを表す用法です：「主語 + 動詞」。一方で、受動態とは、主語が「〜される」という受け身の状態を表す用法です：「主語 + be 動詞 + 過去分詞」。英語では日本語と異なり、「行為の受け手や結果に焦点を当てる」ためにも受動態が使われています。

　本文の説明においては、能動態は(　)、受動態は{　}でくくっています。＿＿＿＿は修飾語や接続詞です。

「迷子の子犬」

　One day, a small puppy was found by a kind old man near the park. The puppy had been abandoned by its owner, and it looked very scared and lonely. The man decided to take the puppy home, where it was given food and water.
　At the man's house, the puppy was cared for with love and patience. Later, posters were made and hung around the neighborhood to find the puppy's owner. People were informed about the lost puppy through social media as well.

Days passed, but no one came to claim the puppy. The puppy was loved so much by the old man that he decided to keep it. The puppy was named 'Lucky', and a new bed was bought for it. From that day on, Lucky was taken on walks every morning and evening. Lucky was trained to sit, stay, and even fetch a ball.

Lucky's life completely changed because of the kind old man. The old man often said, "I am not the one who have saved Lucky. I am saved by Lucky." Now, Lucky and the old man are seen at the park every day, being happy and healthy.

One day, a small puppy {was found} by a kind old man near the park.
ある日、小さな子犬が公園の近くで親切なおじいさんに発見されました。

The puppy {had been abandoned} by its owner, and it (looked) very scared and lonely.
その子犬は飼い主に捨てられてしまい、とてもおびえて孤独そうに見えました。

The man (decided) to take the puppy home, where it {was given} food and water.
そのおじいさんは子犬を家に連れて行くことに決め、そこで子犬は食べ物と水が与えられました。

At the man's house, the puppy {was cared for} with love and patience.
おじいさんの家では、子犬は愛情と忍耐をもって世話されました。

Later, posters {were made and hung} around the neighborhood to find the puppy's owner.
その後、子犬の飼い主を探すためにポスターが作られ、近所に貼られました。

People {were informed} about the lost puppy through social media as well.
人々にはSNSを通じても迷子の子犬について知らされました。

Days (passed), but no one (came) to claim the puppy.
何日も過ぎましたが、誰も子犬を引き取りに来ませんでした。

The puppy {was loved} so much by the old man that he (decided) to keep it.
子犬はおじいさんにとても愛され、おじいさんは子犬を飼うことに決めました。

The puppy {was named} 'Lucky', and a new bed {was bought} for it.
子犬は「ラッキー」と名付けられ、新しいベッドがラッキーのために買われました。

From that day on, Lucky {was taken} on walks every morning and evening.
その日から、ラッキーは毎朝晩、散歩に連れて行かれるようになりました。

Lucky {was trained} to sit, stay, and even fetch a ball.
ラッキーは、お座り、待て、さらにはボールを取ってくる訓練を受けました。

Lucky's life completely (changed) because of the kind old man.
ラッキーの生活は、親切なおじいさんのおかげで完全に変わりました。

The old man often (said), "I (am) not the one who (have saved) Lucky. I {am saved} by Lucky."
おじいさんはよく言いました、「ラッキーを救ったのは私ではない。私がラッキーに救われたんだ。」と。

Now, Lucky and the old man {are seen} at the park every day, being happy and healthy.
今では、ラッキーとおじいさんは毎日公園で幸せに健康的に過ごしているのが見られます。

テーマの解説
One day, a small puppy {was found} by a kind old man near the park.
ある日、小さな子犬が公園の近くで親切なおじいさんに発見されました。

be 動詞 + 過去分詞： **was found**
時制は過去形で、行為を受けた状態を表しています。行為者 (a kind old man) は by + 名詞 で示されています。行為の受け手（子犬）に焦点を当てています。子犬が主役であり、発見した人はあまり重要ではないため、受動態が適しています。

The puppy {had been abandoned} by its owner, and it (looked) very scared and lonely.
その子犬は飼い主に捨てられてしまい、とてもおびえて孤独そうに見えました。

had + been（be 動詞の過去分詞）+ 過去分詞： **had been abandoned**
過去完了形の受動態で、「飼い主によって以前に捨てられていた」ことを説明しています。行為者は by its owner で表されています。受動態にしているの

は、飼い主が誰かではなく、「捨てられた」という事実が重要だからです。

The man (decided) to take the puppy home, where it {**was given**} food and water.
そのおじいさんは子犬を家に連れて行くことに決め、そこで子犬は食べ物と水が与えられました。

be 動詞 + 過去分詞： **was given**
過去形の受動態で、「与えられる」という行為を受けたことを示しています。与えられたもの（give の目的語）は food and water で、行為者より、行為の結果に焦点を当てています。子犬が食べ物と水を与えられたという結果に焦点を当てており、与えた人を特定する必要がないため受動態を使用しています。

At the man's house, the puppy {**was cared** for} with love and patience.
おじいさんの家では、子犬は愛情と忍耐をもって世話されました。

be 動詞 + 過去分詞： **was cared** for
句動詞（care for: 世話をする）が受動態になっており、特定の行為が行われたことを表します。子犬がどう扱われたかに焦点を当てており、行為をした人が重要ではないため受動態を使用しています。

Later, posters {**were made** and **hung**} around the neighborhood to find the puppy's owner.
その後、子犬の飼い主を探すためにポスターが作られ、近所に貼られました。

be 動詞 + 過去分詞： **were made** and **hung**
複数形の主語（posters）に合わせて be 動詞 は were になっています。hung

は hang の過去分詞です。ポスターが作られたという行為の結果に焦点を当てています。行為者が特定されていないため受動態が適しています。

People {**were informed**} about the lost puppy through social media as well.
人々にはSNSを通じても迷子の子犬について知らされました。

be 動詞 + 過去分詞： **were informed**
受動態でSNS（Social Networking Service）を通じて情報が人々に伝えられたことを表します。情報を届けた人よりも、受け手（People）に焦点を当てています。

Days (passed), but no one (came) to claim the puppy.
何日も過ぎましたが、誰も子犬を引き取りに来ませんでした。

The puppy {**was loved**} so much by the old man that he (decided) to keep it.
子犬はおじいさんにとても愛され、おじいさんは子犬を飼うことに決めました。

be 動詞 + 過去分詞： **was loved**
感情を表す動詞（love）は受動態によく使われます。子犬が愛されたという事実が重要であり、行為者（the old man）は補足的な情報として示されています。

The puppy {**was named**} 'Lucky', and a new bed {**was bought**} for it.
子犬は「ラッキー」と名付けられ、新しいベッドがラッキーのために買われました。

be 動詞 + 過去分詞： **was named, was bought**

名前を付けた人やベッドを買った人は重要ではなく、子犬がどのように扱われたかを示すために受動態が使われています。

From that day on, Lucky {was taken} on walks every morning and evening.
その日から、ラッキーは毎朝晩、散歩に連れて行かれるようになりました。

be 動詞 + 過去分詞： **was taken**
継続的な習慣を示す場合にも受動態が使われます。誰が散歩に連れて行ったかではなく、ラッキーが散歩に行ったという結果を強調しています。

Lucky {was trained} to sit, stay, and even fetch a ball.
ラッキーは、お座り、待て、さらにはボールを取ってくる訓練を受けました。

be 動詞 + 過去分詞： **was trained**
行為の受け手に焦点を当てています。訓練した人ではなく、子犬が行為を受けたことが重要だから受動態になっています。

Lucky's life completely (changed) because of the kind old man.
ラッキーの生活は、親切なおじいさんのおかげで完全に変わりました。

ラッキーの生活が自発的に変わったという過去の事実を述べるために受動態ではなく能動態が使われています。

The old man often (said), "I (am) not the one who (have saved) Lucky. I {am saved} by Lucky."
おじいさんはよく言いました、「ラッキーを救ったのは私ではない。私がラッキーに救われたんだ。」と。

be 動詞 + 過去分詞： **am saved**
状態の描写として受動態が適用されています。救ったラッキーではなく、救われた私に焦点を当てています。

Now, Lucky and the old man {**are seen**} at the park every day, being happy and healthy.
今では、ラッキーとおじいさんは毎日公園で幸せに健康的に過ごしているのが見られます。

be 動詞 + 過去分詞： **are seen**
状態の描写として受動態が適用されています。見ている人が誰かは重要ではなく、見られている状態に焦点を当てています。

受動態のまとめ
　受動態は「〜される」という受け身を表します。行為の受け手や結果に焦点を当てるために受動態が使われます。受動態は「be 動詞 + 過去分詞」の形で構成され、時制や主語に応じて be 動詞の形が変化します。

フィーリングを理論で再確認
　フィーリングを理論で再確認することで理解を深めましょう。

　ストーリーからも感じられたように受動態と能動態の根底にある共通のフィーリングは、どちらも「同じ出来事に対して異なった視点で述べる」ということです。

　能動態では行為を「する側」に視点があり、受動態では行為を「される側」に視点があります。
① 弟が私のケーキを食べちゃった。

②　私のケーキは弟に食べられちゃった。

①では「弟」は「食べる側」なので能動態の文となります。
②では「食べられる」側なので受動態の文になります。

　能動態／受動態というのは主語が動作を「する側」になるか「される側」になるかによって決まります。
　また、ストーリーからも感じられたと思いますが、受動態は能動態の文の目的語を主語にする必要がありますので、原則、他動詞が使われている文しか受動態にはできません。

①　My brother (ate) my cake.
主語： My brother、他動詞： ate、目的語： my cake
　誰がケーキを食べたか責任がはっきりします。

②　My cake {was eaten} by my brother.
　eat の対象物（目的語）に焦点を当てた文です。①の文の目的語（my cake）を主語にし、その後に受動態の was eaten が来ます。その後に誰によって「食べられたか」という行為者が来ます。My cake が文頭に来ることで強調され、行為者である弟の影が薄められています。

コミュニケーションに大事な受動態
　受動態は日本語と似たフィーリングがあります。能動態を使った時は行為の責任がはっきりしますが、受動態では責任の所在をぼかす働きがあります。
That company (polluted) water.
　（あの会社が水を汚染した。）
　この文では会社が「汚染する側」だと明らかです。この場合、会社の責任が追及されそうです。この責任を明らかにしないでぼかす方法は、次のよう

な受動態文に変えることです。

Water {was polluted}.

このように表現すれば、水が汚染された「汚す側」が消えて「汚される側」だけが強調され、誰が汚したのかが分からなくなります。「汚した側」の記述は by the company（会社によって）を記述することは少ないようです。

受動態は行為者を省略すると、「個人的な意見としてではなく、一般的な意見」としての印象を与え、対立を和らげる働きがあります。コミュニケーションを円滑にする方法としての受動態のフィーリングを感じられましたか。

英語母語話者の根底にあるフィーリングは、一番重視しているものを文頭に主語として置くということです。

問題

次の英文を完成させるのに最も適切な語〈句〉を選びなさい。

1. "This building looks very old." "Yes, it _____ in 2022.
  ① built ② is built ③ was built ④ has been built

2. "What's the matter with you?" "I _____ by a snake.
  ① am biting ② was biting ③ bit ④ have been bitten

3. "Can I use this room?" "Sorry. This room is _____ right now."
  ① cleans ② cleaning ③ been cleaning ④ being cleaned

4. "Please be _____ in this room while you wait for Mr. Tanaka.
　① sit　　② seat　　③ seating　　④ seated

|解答|
2. ④　　4. ④

第4章　5文型

物語で5文型のフィーリングをつかもう！

　英語の5文型は文の構造を理解しやすくするためのツールとして有用です。英語は文の要素となる語（主語、動詞、目的語、補語など）の語順が重要な言語です。文の中の動詞は品詞の動詞と区別して「述語動詞」と言う場合があります。

テーマ1：主語と動詞の位置を感じよう！

　主語と動詞の位置を意識して物語を読んでみましょう。

　本文の説明においては、主語は（　）、動詞は{　}でくくっています。＿＿は接続詞または修飾語です。
　特に動詞の位置を意識して読んでみてください。

「誕生日のサプライズ」

　It was Emma's birthday, but she thought that everyone forgot. She went to school, feeling a little sad. When she came home, the house was very quiet.
　Suddenly, her friends and family shouted, "Surprise!"
Emma saw balloons and a big cake on the table.
　"You didn't forget!" She said with a big smile.

That evening, they sang, laughed, and enjoyed the party. Emma was very happy and thankful to everyone.

(It) {was} Emma's birthday, but (she) {thought} that everyone forgot.
エマの誕生日でしたが、彼女はみんなが忘れたと思っていました。

(She) {went} to school, feeling a little sad.
彼女は少し悲しい気持ちで学校に行きました。

When she came home, (the house) {was} very quiet.
彼女が家に帰ると、家の中はとても静かでした。

Suddenly, (her friends <u>and</u> family) {shouted}, "Surprise!"
突然、友達と家族が「サプライズ！」と叫びました。

(Emma) {saw} balloons and a big cake on the table.
エマは風船とテーブルの上の大きなケーキを見ました。

"(You) didn't {forget!}" (She) {said} with a big smile.
「忘れてなかったのね！」彼女は大きな笑顔で言いました。
※ {didn't forget}と助動詞の didn't を加えても良い。

That evening, (they) {sang, laughed, <u>and</u> enjoyed} the party.
その夜、彼らは歌い、笑い、パーティーを楽しみました。

(Emma) {was} very happy and thankful to everyone.
エマはとても幸せだと感じ皆に感謝しました。

テーマ1の解説

英語の文章は、日本語の文章とは異なり、主語（S）が最初に来て、次に動詞（V）が来ます。

(It) {was} Emma's birthday, but (she) {thought} that everyone forgot.
エマの誕生日でしたが、彼女はみんなが忘れたと思っていました。

英語の文章は次の 5 つの型の組み合わせでできています。どれも最初は主語、次が動詞です。

1. SV（主語 ＋ 動詞）
2. SVC（主語 ＋ 動詞 ＋ 補語）
3. SVO（主語 ＋ 動詞 ＋ 目的語）
4. SVOO（主語 ＋ 動詞 ＋ 間接目的語 ＋ 直接目的語）
5. SVOC（主語 ＋ 動詞 ＋ 目的語 ＋ 補語）

S, V, O, C は、それぞれ下記の略です。
S: subject（主語）の略
V: verb（動詞）の略
O: object（目的語）の略
C: complement（補語）の略

テーマ2：目的語の役割を感じよう！

SV と SVO の違いを感じよう！

SVO は SV と異なり、動詞の後に目的語がつきます。
SV（主語 ＋ 動詞）
SVO（主語 ＋ 動詞 ＋ 目的語）

本文の説明においては、主語は( )、動詞は{ }、目的語は[ ]でくくっています。
　目的語と動詞の関係を意識して読んでみてください。

「風に揺れる花と蝶」

　A girl walked. She saw a flower. The flower swayed.
　A butterfly landed. The girl touched the petal. The butterfly flew away.
　The girl picked the flower. She smiled.

(A girl) {walked}.
女の子が歩いていました。

(She) {saw} [a flower].
彼女は花を見つけました。

(The flower) {swayed}.
その花は揺れていました。

(A butterfly) {landed}.
一匹の蝶が舞い降りた。

(The girl) {touched} [the petal].
女の子は花びらに触れました。

(The butterfly) {flew} away.
蝶は飛び去りました。

(The girl) {picked} [the flower].
女の子はその花を摘みました。

(She) {smiled}.
彼女は微笑みました。

テーマ 2 の解説

　SV は動詞の後に目的語が無くても文意は完結します。
　一方、SVO は動詞の後に目的語が必要です。

　目的語は、文の中で動詞の動作の対象となる語を指します。主語が「何を」「誰に」するのか、という質問に答える場合、その答えとなる部分が目的語です。

SV： (A girl) {walked}. （女の子が、歩いた。）
SVO： (She) {saw} [a flower]. （彼女が、花を、見た。）
SV： (The flower) {swayed}. （花が、揺れていた。）
SV： (A butterfly) {landed}. （蝶が、舞い降りた。）
SVO： (The girl) {touched} [the petal]. （女の子が、花びらに、触れた。）
SV： (The butterfly) {flew} away. （蝶が、飛び去った。）
SVO： (The girl) {picked} [the flower]. （女の子が、花を、摘んだ。）
SV： (She) {smiled}. （彼女は、微笑んだ。）

　実は動詞は目的語が不要な動詞（自動詞）と必要な動詞（他動詞）にわかれます。

　例えば、walk（自動詞）は目的語がなくても「歩く」という動作を完結できますが、saw（他動詞）だけでは「見た」という動作を完結できません。

"A girl walked"で文章が終わっていても気になりませんが、もし"She saw"で終わっていたら、何を見たの？と疑問に思います。

　目的語が不要な動詞の場合はSV、目的語が必要な動詞の場合はSVOになります。英語母語話者は意識せずにフィーリングで話すようです。

SVとSVOの見分け方
　文型を考える時には、文中で使われている動詞が自動詞か他動詞かが重要な点です。5文型を判別するために「動詞」を確認しておきましょう。

　自動詞は、その動きを完結するために対象物（目的語）を必要としない動詞のことです。他動詞は、その動きを完結するために対象物（目的語）を必要とする動詞です。

SVの例文
(Tom) {ran} in the park.
トムは公園で走りました。
主語： Tom、動詞： ran（自動詞）

　in the parkはranと言う動きを完結するためには必ずしも必要ではありません。このような語句を修飾語と言います。「前置詞が先頭に来る意味のまとまりがある語句は修飾語」です。

SVOの例文
(Tom) {broke} [the dish].
トムは皿を割った。
主語： Tom、動詞： broke（他動詞）、対象物（目的語）： the dish

「割る」という動きを完結するためには、その動きの力を受ける対象物（目的語）が必要です。

テーマ３：補語の役割を感じよう！

SVOOとSVOCの違いを感じよう

「補語」（complement）は、文の中で 主語や目的語について追加の情報を補う役割を持つ語や句のことを指します。補語がないと文が不完全になったり、意味が正しく伝わらなくなる場合があります。

本文の説明においては、主語は( )、動詞は{ }、目的語は[ ]、補語は< >でくくっています。＿＿＿は修飾語です。
目的語と補語の関係について意識して読んでみましょう。

「二人の友人の物語」

John gave Mary a book. She called it a great gift. Then, Mary wrote him a letter. She made it very special.

John sent her a reply. He called her his best friend.

(John) {gave} [Mary] [a book].
ジョンはメアリーに本を渡しました。

(She) {called} [it] ＜a great gift＞.
彼女はそれを素晴らしい贈り物だと言いました。

Then, (Mary) {wrote} [him] [a letter].
その後、メアリーは彼に手紙を書きました。

(She) {made} [it] ＜very special＞.
彼女はそれをとても特別なものにしました。

(John) {sent} [her] [a reply].
ジョンは彼女に返信をしました。

(He) {called} [her] ＜his best friend＞.
彼は彼女を自分の一番の友人だと言いました。

テーマ3の解説

　SVOO の文では、動詞が「誰に」＋「何を」という二つの目的語に情報を伝えます。最初の目的語は間接目的語（人に）、2 番目の目的語は直接目的語（物を）と言います。

　SVOC の文では、動詞が「目的語」＋「目的語を説明する語（補語）」を導きます。SVOC においては、「目的語 ＝ 補語」という関係が成り立ちます。

SVOO： (John) {gave} [Mary] [a book].
ジョンはメアリーに本を渡しました。
動詞： gave
間接目的語（誰に）： Mary
直接目的語（何を）： a book

SVOC： (She) {called} [it] ＜a great gift＞.
彼女はそれを素晴らしい贈り物だと言いました。
動詞： called

目的語： it ＝ 補語： a gift

SVOO： (Mary) {wrote} [him] [a letter].
メアリーは彼に手紙を書きました。
動詞： wrote
間接目的語（誰に）： him
直接目的語（何を）： a letter

SVOC： (She) {made} [it] ＜very special＞.
彼女はそれをとても特別なものにしました。
動詞： made
目的語： it ＝ 補語： special

SVOO： (John) {sent} [her] [a reply].
ジョンは彼女に返信をしました。
動詞： sent
間接目的語（誰に）： her
直接目的語（何を）： a reply

SVOC： (He) {called} [her] ＜his best friend＞.
彼は彼女を自分の一番の友人だと言いました。
動詞： called
目的語： her ＝ 補語： his friend

　目的語は、文の中で動詞の動作の対象となる語のことを指します。
　補語は、文の中で主語や目的語について追加の情報を補う役割を持つ語や句のことです。

フィーリングを理論で再確認

　フィーリングを理論で再確認することで理解を深めましょう。5つの文型のうち、どの文型になるかは動詞の性質や特徴で決まります。

SVOO の見分け方

　この語順は、主語 ＋ 動詞 ＋ 間接目的語（人）＋ 直接目的語（物）です。簡単に説明すると、ここに使われる動詞の特徴は、目的語に与える力がとても強く、2つの目的語に力を及ぼすことです。この文型で使われる動詞は、人に物をあげたり、渡したり、教えたりして、何かが誰かに渡る時に使う動詞で2つの目的語を持ち、「授与動詞」と呼ばれます。

SVOO の例文

(I) {gave} [Mary] [the birthday present].
私はメアリーに誕生日プレゼントをあげた。
主語： I、動詞： gave、間接目的語： Mary
直接目的語： the birthday present

　give という動詞も目的語を必要とするので他動詞です。その上、特徴として「〜に」＋「〜を」という2つの目的語に及ぼす力が強い動詞です。人に物をあげたり、渡したり、教えたりして、何かが誰かに渡るフィーリングの動詞です。

(I) {bought} [Mary] [the necklace].
私はメアリーにネックレスを買ってあげた。
主語： I、動詞： bought、間接目的語： Mary
直接目的語： the necklace

give（与える）、send（送る）、tell（伝える）、show（見せる）、make（作る）、buy（買う）がSVOOで使用される動詞です。

この種類の動詞群の文は次のように書き換えることができます。
SVOO → SVOM
※ Mは修飾語です。

SVOMの例文（SVOOの書き換え）
(I) {bought} [the necklace] for Mary.
私はメアリーにネックレスを買った。
主語： I、動詞： bought、目的語： the necklace
修飾語： for Mary

このようにSVOMに書き換えが可能です。上の2文の意味はあまり変わりませんが、英語母語話者がfor Maryを文末に持って来る時は「メアリーに」を強調するフィーリングの時のようです。

SVOCの見分け方
補語（C）は、文の主要素の1つで、その文の意味を完全にするために必要な語や句のことです。

SVOCの例文
(I) {heard} [someone] ＜calling my name＞．
私は誰かが私の名前を呼んでいるのを聞きました。
主語： I、動詞： heard、目的語： someone
補語： calling my name

ここで「補語」と「修飾語」の違いを確認しておきましょう。「補語」は、

文の主要素の一つで、その文の意味を完全にするために必要な語や句のことで、主語や目的語に不足している情報や意味を補います。修飾語と補語を混同してしまう学習者が多いようです。見分け方としては、補語は連結関係にある 2 つの語句の後半に来る要素で、これがなければ文の意味が成立しません。一方で、修飾語は文中になくても文が成立し、文に追加情報を提供するオプションの要素です。

SVOC の文は前の項で述べた SVOO と似ていますが、動詞の特徴が異なっています。

SVOO と SVOC の見分け方

SVOO の例文
(I) {gave} [Mary] [the flower].
私はメアリーに花をあげました。
主語： I、動詞： gave、間接目的語： Mary
直接目的語： the flower

SVOC の例文
(We) {call} [the flower] ＜African Rose＞.
私たちはその花をアフリカン・ローズと呼んでいます。
主語： We、動詞： call、目的語： the flower
補語： African Rose

SVOO と SVOC の例文の動詞は、gave と call です。主語と動詞の語順はいつも通りですから、考えるべき対象は Mary と the flower さらに the flower と African Rose にとなります。

この 2 文の動詞の特徴を見分けるためには、それぞれの SV の後にある 2 語の間に be 動詞を入れてみましょう。be 動詞はその前に来る語とその後に来る語をイコール（連結）の関係に結びつけます。
　SVOO の例文では Mary is the flower. となり、Mary = the flower の関係が成立しないので補語にはなれません。この時は SVOO の文と考えましょう。
　SVOC の例文では The flower is African Rose となり、The flower = African Rose の関係が成立しているので、SVOC の文と分かります。

　簡単だと思いませんか？　be 動詞を 2 つの語句の間に挿入するだけです。ただし、be 動詞を挿入せずに英語が成立する場合もあります。

　SVOC の文型に使われる動詞には、主に次のようなものがあります。

使役動詞（O に C させる・してもらう）

have：　O に C することをお願いする。
(I) {had} [him] ＜help me＞ with my homework.
私は彼に宿題を手伝ってもらった。
主語： I、動詞： had、目的語： him
補語： help me

let：　O に C することを許可する。
{Let} [me] ＜go＞ home.
家に帰らせてください。
動詞： Let、目的語： me
補語： go

　go が補語になるのは、I go. で文が成立するからです。この場合、I と go の

間に be 動詞は挿入する必要はありません。命令文なので主語はありません。

make： O に C することを強制する。
{Make} [me] ＜free＞.
私を自由にさせろ。
動詞： Make、目的語： me
補語： free

知覚動詞（O が C である状態に気づく）

hear： 聞こえる
(I) {heard} [the birds] ＜sing＞.
小鳥がさえずるのを聞いた。
主語： I、動詞： heard、目的語： the birds
補語： sing

(I) {heard} [the birds] ＜singing＞.
小鳥がさえずっているのを聞いた。
主語： I、動詞： heard、目的語： the birds
補語： singing

　2 つの文の文型は同じですが、意味は少し異なります。
　sing は「さえずる」という動作が終わっていますが、singing は「さえずっている」状態です。

　see（見かける）、smell（香りがする）、feel（感じる）なども同様の知覚動詞です。

SVOC：OをCと呼ぶ動詞
call（呼ぶ）、name（名づける）、elect（選ぶ）など

(We) {call} [the dog] <Pochi>.
私たちはその犬をポチと呼んでいます。
主語： We、動詞： call、目的語： the dog
補語： Pochi

SVOC：OをCだと思う動詞
think（OをCだと思う）、consider（OをCだと考える）
find（OをCだと分かる）

(I) {find} [her] <rich>.
私は彼女がお金持ちだと思います。
主語： I、動詞： find、目的語： her
補語： rich

　これらの文を見たり聞いたりしたら、SVOCと感じるフィーリングを持ちましょう。

SVCの例文
(I) {am} <Tom>.
私はトムです。
主語： I、動詞： am、補語： Tom

　be動詞の特徴は「～だ」、「～です」という意味の状態を表す動詞で、動きはありません。前に来る主語（名詞または代名詞）と後ろの補語（形容詞ま

たは名詞）をイコールの関係で連結します。

　be 動詞は主語の人称によって変化します。
I am, You are, He is, She is, It is, We are, They are ……

　be 動詞は一般動詞とは大きく異なります。be 動詞は連結動詞とも呼ばれ、それの前にある主語と後ろにある補語の 2 つの要素を連結します。なお、I am here. では am は「いる、ある」という stay のような意味で、here は場所を表す修飾語であり、I と here はイコール関係にもありません。この文は SVC ではなく SV となります。

be 動詞と同じ使い方の 3 種類の動詞群

状態の変化を表すもの
　be 動詞は「A は B だ」と断定的に述べますが、become, get, come, grow, turn のような動詞は「〜になる」のように状態の変化を表します。この動詞も目的語を必要としないので自動詞です。ただし、後ろに補語を必要とするので不完全な自動詞と呼んでいます。

(He) {became} ＜a good teacher＞.
彼は良い先生になった。
主語： He、動詞： became
補語：　a teacher

主語が受ける印象を漠然と表すもの（〜のようだ）
　seem, appear, look　など。

(He) {seems} ＜ill＞.
彼は病気のようだ。
主語： He、動詞： seems
補語： ill

主語の感覚を表すもの
　　look, feel, smell, sound　（〜の様に見える、〜の様に感じる）

(You) {look} ＜pale＞.
顔色が悪いですよ。
主語： You、動詞： look
補語： pale

　be 動詞と類似の動詞の使用頻度は多く、be 動詞は他に以下のような使用もされます。

be 動詞は過去分詞の前に来て、「受動態」という新しい動詞を構成します。
(My cake) {was eaten} by Kuro.
私のケーキはクロに食べられた。
　be ＋ 過去分詞 ＝ 受動態

be 動詞は現在分詞の前に来て、「進行形」という新しい動詞を構成します。
(The cat) {was eating} [my cake].
その猫が私のケーキを食べていました。
be ＋ －ing ＝ 進行形

SVC と SVO の見分け方

　SVC （I am Taro. / I am happy.）においては、「主語 ＝ 補語」という関係が成り立っています。このように補語は、主語や目的語の情報を補う役割になっています。補語には、名前を表す名詞、代名詞や状態を表す形容詞がなれます。

　SVO （I love Taro.）においては、概ね「主語 ＝ 目的語」という関係が成り立ちません。このように目的語は、主語や目的語の情報を補う役割はなく、概ね、新しい「人や物」です。

SVC の例文

(She) {became} ＜a lawyer＞.
彼女は弁護士になった。
主語： She ＝ 補語： a lawyer、動詞： became

SVO の例文

(She) {needed} [a lawyer].
彼女には弁護士が必要だった。
主語： She ≠ 目的語： a lawyer、動詞： needed

コミュニケーションに大事な文型

　なぜ、I you love. でなくて I love you. なのでしょうか？

　12世紀頃までの英語には、文型のような語順のルールはあまり必要ではありませんでした。それは日本語では助詞によって単語を配置するのと似ていて、英語の単語の語尾の全てに日本語の助詞（に、を、が、で、など）に代

わる屈折語尾があったからです。これは各単語の動詞との関係を示していました。

現代英語でも主格、目的格などの格表示は人称代名詞に残っています。I, he, we, they などは形を見れば、即座に主語だと判断することができます。これと同様に古英語（700〜1100 年）では、全ての名詞や形容詞が屈折語尾を備えていました。そこで、語形を見るだけで格を判断できました。

このような理由で古英語の語順は比較的自由でした。12 世紀に入って、古英語の語尾が弱化し、屈折語尾が衰退し始めて、文中の要素間の関係を示す手段としての働きが弱まり、SVO や SVC の語順が重視されるようになっていきました。

現代英語の動詞と目的語の関係が I you love. ではなく、I love you. となったのも中英語（1100〜1500 年）の期間、約 400 年間の間だと言われています。このように非常に長い期間をかけて確立されてきた文型のフィーリングを、当時を想像しながら、感じるのも良いかもしれません。

問題

1. SVC（主語 + 動詞 + 補語）の文を 1 つ選びなさい。
   ① She gave him a book.
   ② The sky is blue.
   ③ He runs every morning.
   ④ They built a big house.
   ⑤ We watched a movie.

2. SVO（主語 + 動詞 + 目的語）の文を 1 つ選びなさい。
   ① She looks happy.
   ② The baby cried loudly.
   ③ He ate an apple.

④ The teacher gave me a book.
⑤ My brother is a doctor.

3. SVOO（主語 + 動詞 + 間接目的語 + 直接目的語）の文を1つ選びなさい。
   ① She always sings beautifully.
   ② He gave her a gift.
   ③ We call him a genius.
   ④ They played soccer yesterday.
   ⑤ I became a teacher last year.

4. SVOC（主語 + 動詞 + 目的語 + 補語）の文を1つ選びなさい。
   ① She showed me the way.
   ② They made him captain.
   ③ He reads a book every night.
   ④ The dog is barking loudly.
   ⑤ I saw her at the station.

|解答|
2. ③　　4. ②

コラム1：AI が英語を学習する仕組みと人間の脳

　本書ではルールではなく、フィーリングで英文法を学習しますが、実はこれは最近の AI も一緒です。昔の AI（artificial intelligence：人工知能）による機械翻訳は文法のルールに基づき翻訳を行っていました。2000 年代に翻訳アプリを使ったことがある方は精度の低さをご存じかと思います。この時のアプローチでは、一つ一つの文法ルールをプログラミングし精度を向上させていました。この方法はエキスパートシステムといい、様々な分野で利用されている手法ですが、言語はルールが複雑なため膨大なプログラミング量になります。

　英語 → 文法を解析 → 文法のルールに基づき日本語に変換

　その後も開発者の努力で少しずつ精度は改善されていきましたが、あまり有効なものではありませんでした。記憶に制限がないシステムですら、全てのルールを使いこなすことはできなかったのです。しかし、2010 年代に入り、ある時点から劇的に精度が向上しました。このきっかけはニューラルネットワーク（neural network：神経網）が活用されるようになったことです。ニューラルネットワークとは、人間の脳の仕組みをコンピュータに再現する手法で、ChatGPT などの最新の AI にもニューラルネットワークが活用されています。

　ニューラルネットワークの手法では、AI に文法のルールを教えずに、たくさんの文章を読ませて、単語や文法のフィーリングをつかませます（数学的にはベクトルで表現されます）。AI が翻訳する際は、英語をまずフィーリング（ベクトル）に変換します。そして、同じフィーリングの日本語を探すことで翻訳を行います。

英語 → フィーリング（ベクトル）に変換 →
同じフィーリングの日本語に変換

　この手法により AI の翻訳精度は大幅に向上しました。文法を学ばなくても理解できるようになるというのはなんだか不思議ですね。このように最新の AI が人間の脳を模しているわけですから、それならば人間も AI の学習と同じこと、つまり、いろんな文章を読むことでフィーリングを学習できれば英語を話せるようになると思いませんか？

　カミンズによれば、第一言語と第二言語のそれぞれと接続されている「共有基底言語能力」(Common Underling Proficiency) が存在すると言われています。「共有基底言語能力」は、AI におけるベクトル ＝ フィーリングに該当する能力だと考えられるものです。

　本書でのアプローチは、英語と共有基底言語能力の結びつきを強化することを目的としています。

従来のアプローチ
英語を日本語に変換し、日本語で理解（遠回り）

本書のアプローチ
英語と共有基底言語能力の結びつきを強化

　では、最新 AI のように学習するには何が重要なのでしょうか。AI には学習データの質という考え方があります。例えば、一つのフレーズを繰り返し

読ませても AI の学習は進みません。

　AI の学習というのは、大まかに言ってしまえばパターン認識です。様々なパターンから特徴を読み取っていきます。そのため、学習データの質を上げるには様々なパターンがあることが必要です。一つのフレーズがたくさんあってもパターンは増えないので、学習データの質は高まりません。

　学習データの質を上げる、つまり様々なパターンを作るには、様々なフレーズ、様々な文脈が必要になるため、本書の前半の基本的な章では英文は物語形式を採用しています。さあ、引き続き英文法のフィーリングを高めていきましょう！

第 5 章　準動詞

準動詞とは何か？

１．品詞の分類
① 人・事物の名称に関する語：

　____、_____
② 事物などの動作・状態に関する語：

　____、____
③ その他：
　接続詞、冠詞、前置詞、代名詞

品詞の分類
① 人・事物の名称に関する語：

　名詞、形容詞
② 人・事物などの動作・状態に関する語：

　動詞、副詞
③ その他：
　接続詞、冠詞、前置詞、代名詞

２．品詞の相互関係
・四大品詞

　　____詞＋____詞

　　She is a <u>beautiful</u> <u>lady</u>.

　　____詞＋____詞

　　I will <u>study</u> <u>hard</u>.

※　単語の順序も表しているので注意。

品詞の相互関係

・四大品詞

形容詞＋名　詞

She is a beautiful lady.

動　詞＋副　詞

I will study hard.

※　単語の順序も表しているので注意。

3．品詞の修飾関係

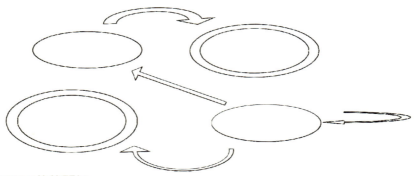

品詞の修飾関係

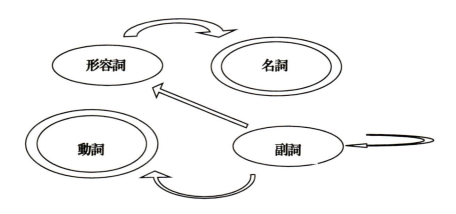

4．「主要な品詞」の文中での働き Part1

① 名詞：

事物の名称を表す語。
　文の要素としては＿＿＿（S）、＿＿＿（O）、＿＿＿（C）になる。文の主要な要素であって、なくてはならないものである。

② 形容詞：
　ア．＜限定用法＞　名詞を修飾し、修飾語（M）になる。
　　　　　　　　　　文の主要な要素ではないので、省略しても文が成り立つ。
　　　　　　　　　　She is a <u>happy</u> girl.
　イ．＜叙述用法＞　補語（C：be 動詞の対象物で、これは一般動詞に対する目的語に対応する）となる。
　　　　　　　　　　文の主要な要素なので省略はできない。
　　　　　　　　　　She is **happy**.

「主要な品詞」の文中での働き Part1

① 名詞：

事物の名称を表す語。
　文の要素としては**主語**（S）、**目的語**（O）、**補語**（C）になる。文の主要な要素であって、なくてはならないものである。

② 形容詞：
　ア．＜限定用法＞　名詞を修飾し、修飾語（M）になる。文の主要な要素ではないので、省略しても文が成り立つ。
　　　　　　　　　　She is a <u>happy</u> girl.

イ．＜叙述用法＞　補語（C：be動詞の対象物で、これは一般動詞に対する目的語に対応する）となる。
　　　　　　　　文の主要な要素なので省略はできない。
　　　　　　　　She is **happy**.

5．「主要な品詞」の文中での働き Part2

① **動詞：**
人・事物などの動作・状態などを述べる語。
文の要素としては述語動詞（V）になる。
これは省略して「動詞」とも呼ばれる。
目的語をとる動詞を_____(vt.)、目的語を取らない動詞を_____(vi.)という。
他動詞の直後には_____は来ないが、自動詞の直後には_____が来る。
discuss（vt.）the matter（その事柄について議論する）
talk about the matter（vi.）

② **副詞：**
名詞以外つまり、動詞、形容詞、副詞、文、を修飾する。
時・場所・程度などを表す言葉である。
文の主要な要素ではないので、省略しても文が成り立つ。
ア．_____を修飾する：　He **runs** fast.
イ．_____を修飾する：　She is so **beautiful**.
ウ．_____を修飾する場合：　She sings very **well**.
エ．_____を修飾する場合：　Fortunately, **she was saved**.
　　　　　　　　　　　　　（幸運にも彼女は救出された。）

「主要な品詞」の文中での働き Part2

① 動詞：
人・事物などの動作・状態などを述べる語。
文の要素としては述語動詞（V）になる。
これは省略して「動詞」とも呼ばれる。
目的語をとる動詞を**他動詞**(vt.)、目的語を取らない動詞を**自動詞**(vi.)という。
他動詞の直後には**前置詞**は来ないが、自動詞の直後には**前置詞**が来る。
discuss（vt.）the matter（その事柄について議論する）
talk about the matter（vi.）

② 副詞：
名詞以外つまり、動詞、形容詞、副詞、文、を修飾する。
時・場所・程度などを表す言葉である。
文の主要な要素ではないので、省略しても文が成り立つ。
ア．**動詞**を修飾する： He **runs** fast.
イ．**形容詞**を修飾する： She is so **beautiful**.
ウ．**副詞**を修飾する場合： She sings very **well**.
エ．**文**を修飾する場合： Fortunately, **she was saved**.
　　　　　　　　　　　　（幸運にも彼女は救出された。）

6．準動詞とは何か？
① 不定詞：_____
② 動名詞：_____
③ 現在分詞：_____
④ 過去分詞：_____
⑤ 分詞構文：_____ / _____

準動詞とは何か？

① 不定詞：**to 動詞**
② 動名詞：**動詞 ing**
③ 現在分詞：**動詞 ing**
④ 過去分詞：**動詞 ed**
⑤ 分詞構文：**動詞 ing/ 動詞 ed**

7．準動詞と品詞 Part1

① _____

I **want** to drink something. ＜名詞的用法＞

Give me **something** to drink. ＜形容詞的用法＞

I **go** to America to study English ＜副詞的用法＞

② _____

I **like** swimming. ＜≒ to swim＞ ＜名詞的用法＞

(I go to the swimming pool. ＜=the pool for swimming＞)

準動詞と品詞 Part1

① **不定詞**

I **want** to drink something. ＜名詞的用法＞

Give me **something** to drink. ＜形容詞的用法＞

I **go** to America to study English ＜副詞的用法＞

② **動名詞**

I **like** swimming. ＜≒ to swim＞ ＜名詞的用法＞

(I go to the swimming pool. ＜＝ the pool for swimming＞)

8．準動詞と品詞 Part2

① _____

　She is a sleeping **beauty** in the class.　＜形容詞的用法＞

　＊ She is sleeping now.　（現在進行形の一部）

　People watched the exciting **movie**.　＜形容詞的用法＞

　The movie **was** exciting.　＜形容詞的用法＞

　＊ exciting：感情の他動詞から形容詞への変換で、意味は excite と同じ。

② _____

　There were **people** excited by the movie.　＜形容詞的用法＞

　＊ People were excited by the movie.　（受動態の一部とも考えられる。）

準動詞と品詞 Part2

① 現在分詞

　＊ She is sleeping now.　（現在進行形の一部）

　People watched the exciting **movie**.　＜形容詞的用法＞

　The movie **was** exciting.　＜形容詞的用法＞

　＊ exciting：感情の他動詞から形容詞への変換で、意味は excite（興奮させる）と同じ。

② 過去分詞

　There were **people** excited by the movie.　＜形容詞的用法＞

　＊ People were excited by the movie.　（受動態の一部とも考えられる。）

9．準動詞と品詞 Part3

① _____

I go to America **studying** English.　＜副詞的用法＞

(＝ I go to America **and I study** English.)

I went to the ball park **excited** all the time.　＜副詞的用法＞

(＝ I went to the ball park **and I was excited** all the time.)

準動詞と品詞 Part3

① 分詞構文

I go to America **studying** English.　＜副詞的用法＞

(＝ I go to America **and I study** English.)

I went to the ball park **excited** all the time.　＜副詞的用法＞

(＝ I went to the ball park **and I was excited** all the time.)

　　分詞構文： -ing ＝ 接続詞（when, while, and, because など）
　　　＋主語＋動詞
　＊　being / having been はよく省略される。

10．準動詞と品詞 Part4

① 名詞的用法

ア．_____

I **want** to drink something.

イ．_____

I **like** swimming.　　＜≒ to swim＞

② 形容詞的用法

ア．＿＿＿＿＿＿

Give me **something** <u>to drink</u>.

イ．＿＿＿＿＿＿

She is a <u>sleeping</u> **beauty** in the class.

＊ She is <u>sleeping</u> now.

People watched the <u>exciting</u> **movie**.　＜形容詞的用法＞

The movie **was** <u>exciting</u>.　＜形容詞的用法＞

＊ exciting：感情の他動詞から形容詞への変換で、意味は excite（興奮させる）と同じ。

ウ．＿＿＿＿＿＿

There were **people** <u>excited</u> by the movie.　＜形容詞的用法＞

＊ People were <u>excited</u> by the movie.

③ 副詞的用法

ア．＿＿＿＿＿＿

I **go** to America <u>to study</u> English.

イ．＿＿＿＿＿＿

I go to America **studying** English.

（＝ I go to America **and I study** English.）

I went to the ball park **excited** all the time.

（＝ I went to the ball park **and I was excited** all the time.）

準動詞と品詞 Part4

① 名詞的用法

ア．<u>不定詞</u>

I **want** <u>to drink</u> something.

イ．**動名詞**

　I **like** swimming.　　＜ ≒ to swim＞

② **形容詞的用法**

　ア．**不定詞**

　　Give me **something** to drink.

　イ．**現在分詞**

　　She is a sleeping **beauty** in the class.

＊　She is sleeping now.

　　People watched the exciting **movie**.　＜形容詞的用法＞

　　The movie **was** exciting.　＜形容詞的用法＞

＊　exciting：感情の他動詞から形容詞への変換で、意味は excite（興奮させる）と同じ。

　ウ．**過去分詞**

　　There were **people** excited by the movie.　＜形容詞的用法＞

＊　People were excited by the movie.

③ **副詞的用法**

　ア．**不定詞**

　　I **go** to America to study English.

　イ．**分詞構文**

　　I go to America **studying** English.

　　(＝ I go to America **and I study** English.)

　　I went to the ball park **excited** all the time.

　　(＝ I went to the ball park **and I was excited** all the time.)

　分詞構文：　**-ing** = 接続詞（when, while, and, because など）

＋ 主語 ＋動詞
* being / having been はよく省略される。

11. 不定詞と動名詞の形・用法・意味 Part1

　　　　　　　形　　　　　　用法　　　　　　意味
① 不定詞：＿＿＿＿＿　ア．＿＿＿＿＿：＿＿＿＿＿
　　　　　　　　　　　イ．＿＿＿＿＿：＿＿＿＿＿
　　　　　　　　　　　　　　　　　　：＿＿＿＿＿
　　　　　　　　　　　ウ．＿＿＿＿＿：＿＿＿＿＿
　　　　　　　　　　　　　　　　　　：＿＿＿＿＿
② 動名詞：＿＿＿＿＿　ア．＿＿＿＿＿：＿＿＿＿＿

不定詞と動名詞の形・用法・意味 Part1

　　　　　　　形　　　　　　用法　　　　　　意味
① 不定詞：<u>to 動詞</u>　ア．<u>名詞的用法</u>：<u>〜すること</u>
　　　　　　　　　　　イ．<u>形容詞的用法</u>：<u>〜することの、</u>
　　　　　　　　　　　　　　　　　　：<u>〜するための</u>
　　　　　　　　　　　ウ．<u>副詞的用法</u>：<u>〜することで</u>
　　　　　　　　　　　　　　　　　　：<u>〜するために</u>

② 動名詞：<u>動詞 ing</u>　ア．<u>名詞的用法</u>：<u>〜すること</u>

12. 不定詞と動名詞の形・用法・意味 Part2

① ＿＿＿

I **want** <u>to drink</u> something.　　＜名詞的用法＞
Give me **something** <u>to drink</u>.　　＜形容詞的用法＞
I **go** to America <u>to study</u> English.　　＜副詞的用法＞

② _____

I **like** <u>swimming</u>.　　＜≒ to swim＞　　＜名詞的用法＞

(I go to the <u>swimming</u> pool.　＜＝ the pool for <u>swimming</u>＞)

不定詞と動名詞の形・用法・意味 Part2

① 不定詞

I **want** <u>to drink</u> something.　　＜名詞的用法＞
Give me **something** <u>to drink</u>.　　＜形容詞的用法＞
I **go** to America <u>to study</u> English　　＜副詞的用法＞

② 動名詞

I **like** <u>swimming</u>.　　＜≒ to swim＞　　＜名詞的用法＞

(I go to the <u>swimming</u> **pool**.　＜＝ the pool for <u>swimming</u>＞

One Point Lesson No.1

1. 前置詞の後は ＿＿＿＿＿＿ が来る。
2. 動名詞の意味上の主語は ＿＿＿＿＿＿ である。

One Point Lesson No.1

1. 前置詞の後は　**動名詞**　が来る。

   You are good <u>at</u> sports. / <u>doing</u> sports.
2. 動名詞の意味上の主語は　**所有格／目的格**　である。

my	me
your	you
George's	George

Would <u>you</u> **mind** standing?　mind: 嫌だと思う

　　（← 　Would <u>you</u> **mind** (*your / you*) *standing*?）
　　　　　　　　　　　（あなたが）　立つこと

＊　主語の you と standing の意味上の主語 your / you が同じ時は your / you はいらない。

Would <u>you</u> **mind** *my / me smoking*?
　　　　　　私が　喫煙すること

One Point Lesson No.2

・不定詞の意味上の主語は ＿＿＿＿＿＿ である。

One Point Lesson No.2

・　不定詞の意味上の主語は　**目的格**　である。

　　　　　　　　　　me
　　　　　　　　　　you
　　　　　　　　　　George

My mother **asked** me to help her.
you
George

One Point Lesson No.3

・**it** とイコールの意味になるのは ＿＿＿＿＿＿＿＿＿＿＿＿＿＿である。

One Point Lesson No.3

・**it** とイコールの意味になるのは　不定詞（原則）　である。
＜名詞的用法＞

To study English is fun. / Studying English is fun.
(= **It** is fun to study English.)
For me to study English is fun.　　I **want** to help him.
(= **It** is fun for me to study English.)　　I want you to help him.
　　　　　　　　　　　　　　　　　　　　　　　　目的格

例外： **It** is no use crying over spilt milk.
= **It** is no use [your （所有格） / you （目的格）] crying
over spilt milk.　spill-spilt-**spilt**　こぼす
関して　こぼれた　（覆水盆に返らず。）

One Point Lesson No.4

・動名詞のよく使用される用法には ＿＿＿＿＿＿＿＿＿＿がある。

第5章　準動詞

One Point Lesson No.4

・動名詞のよく使用される用法には　　(in) －ing　　がある。
　　　　　　　　　　　　　　　　　　〜する時に

I **have difficulty** (in) answering the questions.
私はその質問を答えるのが難しい。

cf.　on　－ing
① 〜するとすぐに
　　On hearing the news, he ran out of the door.
　　（その知らせを聞くや否や、彼はドアから走って出て行った。）
② 〜するときに（＝in　－ing）

13. 不定詞と動名詞を目的語にとる動詞の特徴

① 不定詞：　　＿＿＿＿＿＿＿＿＿＿

② 動名詞：　　＿＿＿＿＿＿＿＿＿＿

不定詞と動名詞を目的語にとる動詞の特徴

① 不定詞：　　未来志向の動詞である：（今から）〜すること
　　　　　　　＜個人的な事柄＞＜肯定的な事柄＞

② 動名詞：　　過去志向の動詞である：（今まで）〜したこと／
　　　　　　　　（今まで）〜していること
　　　　　　　＜一般的な事柄＞＜否定的な事柄＞

不定詞・動名詞を目的語に取る動詞

不定詞を目的語に取る動詞	動名詞を目的語に取る動詞
未来志向：（今から）〜すること、を述べる動詞 <個人的志向><肯定的志向>	過去志向：（今まで）〜したこと／〜していること、を述べる動詞 <一般的志向><否定的志向>
agree to 〜	finish -ing
fail to 〜	fail in -ing
seem to 〜	enjoy -ing
dare (to) 〜	go on -ing
show to 〜	stop -ing
like to 〜	like -ing
want to 〜	admit -ing
make（させる）人 〜	think of / about -ing
allow 人 to 〜	allow -ing

14. 頻出前置詞 Best 6

　　　　　　　　　　　　　　　　<時>　　　　　　<場所>
① **in**　　（中に）　　　　　　**in** September　　**in** Nagoya
② **at**　　（1点で）　　　　　 **at** 9:30　　　　 **at** Fujikawa
③ **on**　　（接して）　　　　　**on** Saturday　　 **on** the table
④ **to**　　（〜へ：方向）　　　**from** 9:30 **to** (**till** / **until**) 17:00
　　　　　　　　　　　　　　　　　　　　　　　　　from Nagoya **to** Tokyo
⑤ **for**（の間／〜に向かって）study **for** 6.5 hours (**in**) a day
　　<相手を尊重>　　　　　　　　　　　　　　　 leave (Nagoya) **for** Tokyo
　I can die **for**（ために）you.
　Look **for**（求めて）me!　　（私を探してください。）

I had eggs **for**(≒ as)（として／に関して）breakfast.
⑥　**of** ＜結合＞ ＝ a member **of** （〜の：所属）　the soccer team
　　　　　　　　　≒ think **of**(≒ about)（〜について）the game
　　　　　　　←A desk is made **of**（〜から）wood.
　　　　　　　　（cf. Butter is made **from** milk.）

OMAKE － 不定詞・動名詞 TRIVIA －

問題１：ほんとうに掃除が好きなのはどちら？
　I like <u>to clean</u> the room.
　I like <u>cleaning</u> the room.

問題２：正しい英語はどれ？
　The best way for me <u>to learn</u> English
　My best way <u>to learn</u> English
　The best way <u>of / for</u> <u>my</u> <u>learning</u> English
　My best way <u>of / for learning</u> English

OMAKE － 不定詞・動名詞 TRIVIA －

問題１：ほんとうに掃除が好きなのはどちら？
　　I like <u>to clean</u> the room.　（未来的）
○　I like <u>cleaning</u> the room.　（過去的）

問題２：正しい英語はどれ？

○ The best way <u>for me</u> <u>to learn</u> English （個人的）

My best way <u>to learn</u> English （個人的）

最高の方法は１つのはずで、「私の」は個人的で数多く存在することになり矛盾する。

The best way <u>of / for</u> <u>my</u> <u>learning</u> English （一般的）

一般的な最高の方法は１つのはずで、私の方法と同じとは考えにくい。

My best way <u>of / for learning</u> English （一般的）

一般的な最高の方法は１つのはずで、私の方法だと人が異なれば、数多く存在してしまう。

15. 分詞（現在分詞／過去分詞）

| 原則 | **物　is　-ing（現在分詞）**

The movie **was** <u>exciting.</u> / People watched the <u>exciting</u> **movie**.

<u>**人　is　-ed（過去分詞）**</u>　　自然／神／It　⇒　人

　　　　　　　　　　　　　　→　人 is -ed (by　自然／神／it)

People **were** <u>excied</u> by the movie.

（← The movie excited people.）

準動詞：不定詞、動名詞、現在分詞、過去分詞、分詞構文の品詞は何か？
（復習）

四大品詞

① 形容詞	＋	② 名詞	She is a **beautiful** <u>lady</u>.
③ 動詞	＋	④ 副詞	I <u>study</u> English **hard**.
＊ 単語の順序も表しているので注意。			

① 名詞的用法
　　不定詞：I **want** <u>to drink</u> something.
　　動名詞：I **like** <u>swimming</u>.　<≒ <u>to swim</u>>

② 形容詞的用法
　　不定詞：Give me **something** <u>to drink</u>.
　　現在分詞：She is a <u>sleeping</u> **beauty** in the class.
　　　　　　　＊ She is <u>sleeping</u> now.
　　　　　　　　 People watched the <u>exciting</u> **movie**.
　　　　　　　　 The movie **was** <u>exciting</u>.
　　　　　　　＊ exciting：感情の他動詞から形容詞への変換で、意味は excite
　　　　　　　　（興奮させる）と同じ。
　　過去分詞：There were **people** <u>excited</u> by the movie.
　　　　　　　＊ People were <u>excited</u> by the movie.

＊　形容詞の用法
　　ア．＜限定用法＞　名詞を修飾する。修飾語（M）になる。
　　　　文の主要な要素ではないので、省略しても文が成り立つ。
　　　She is a <u>happy / dead (⇔ living)</u> **girl**.
　　イ．＜叙述用法＞　補語（C：be 動詞の対象物、これは一般動詞に対する
　　　　目的語に対応する）**になる。**文の主要な要素なので省略はできない。
　　　She **is** <u>happy./ dead (⇔ alive)</u>

③ 副詞的用法
　　不定詞：I **go** to America <u>to study</u> English.
　　分詞（で）構・文　I go to America <u>studying</u> English.
　　　　　　　　　　（= I go to America **and** <u>I study</u> English.）
　　　　　　　　　　　　　　　　while, when, because

-ing = 接続詞 ＋ 主語 ＋ 動詞
＊ being / having been はよく省略される。
主節（メインの文）の補助となる。主節の動詞と同時性を表す。
I went to the ball park [being] excited all the time.
(= I went to the ball park and I was excited all the time.)
　　　　　　　　　while, when, because

準動詞の用法

準動詞	名詞	形容詞 ①名詞を修飾 ②be 動詞の後に来る （＝ 補語になる）	副詞
to 〜 (= it …)	不定詞	不定詞	不定詞
-ing	動名詞	現在分詞	分詞構文
-ed	―	過去分詞	分詞構文

不定詞、現在分詞、過去分詞の形容詞的用法

① I need a person to help me with my homework.
　＜(これから)手伝ってくれる＞
② I know the person helping me with my homework.
　＜(今)手伝ってくれている＞
③ I know the person helped ＜with his homework＞.
　＜手伝ってもらった＞
　　help 人 ＜with 物＞　（人の）物を助ける／手伝う
　　→ 人 is (be) helped ＜with 物＞　人は物を助けられる／
　　手伝ってもらう

④　a sleeping car (= a car for sleeping) ＜寝台車＞
　　a college student と同じで、動名詞／（単数）名詞が形容詞的に使用されているだけである。
⑤　a sleeping beauty ＜眠れる美女＞

　理屈で大まかなところを理解して、個々は繰り返し発音することによって音で覚えましょう。というのは例外（英米人と日本人の発想の違い）も多いからです。特に不定詞と動名詞（前置詞を含め）は共起する他動詞とセットで覚えましょう。

1. ①未来志向的他動詞、②個人志向的他動詞、③肯定志向的他動詞と共起する場合
　　他動詞 ＋ to ～ (= 不定詞：これから～すること)
　　hope to ～, manage to ～, want to ～

2. ①過去志向的他動詞、②一般志向的他動詞、③否定志向的他動詞と共起する場合
　　他動詞 ＋ -ing (= 動名詞：これまで～したこと、これまでしていること)
　　mind -ing, give up -ing, admit -ing

3. 分詞構文：-ing ＝ 接続詞 (when, while, and, because など) ＋ 主語 ＋ 動詞
　　＊ being / having been はよく省略される。

I study while / when / and I listen to music.
　　→ I study listening to music.
While / When /I listen to music, I study.
　　→ Listening to music, I study.

* 分詞構文だと省略されている接続詞が何なのかはわかりにくい。だから while と when は省略されない場合が多い。

Because I want to be happy, I study.
　→ Wanting to be happy, I study.I
I study and / because I want to be happy.
　→ I study wanting to be happy.
* 理由を表す場合（because）、理由は先に述べる傾向がある。

Because / While / When / I was excited at the news, I jumped.
　→ (Being) excited at the news, I jumped.
I jumped when / while / because I was excited at the news.
　→ I jumped (being) excited at the news.

* being / having been はよく省略される。

不定詞と動名詞のまとめ　―暗記編―

５文型
1 … SV　　　　I live (in Aichi).
2 … SVC　　　 I am happy. / I am a student.
3 … SVO　　　I love you.
4 … SVOO　　 He gave me happiness.
5 … SVOC　　 He makes me happy.
* 第４文型は該当がない。

第 5 章　準動詞

問題　下線部に適切な英語を書きなさい。

1. SV
succeed ____ -ing （〜に成功する），　fail ____ -ing （〜に失敗する）
think of / about -ing
apologise （____ 人） ____ -ing （（人に）〜をあやまる）
insist ____ -ing （〜すること主張する、要求する）
dream of / about -ing
approve ____ -ing （認める、承認する）
feel _____ -ing （〜したい気がする）
look forward ____ -ing （〜することを期待している）

2. SVC (-ing)
be afraid ____ -ing （〜することを恐れている）
be sorry for / about -ing （〜したことが残念だ）

2'. SVC (to 〜)
be sorry ____ (残念ながら〜する)

3. SVO (to 〜)
decide to 〜 , hope to 〜, promise to 〜, _____ to 〜 （なんとかする）
_____ to 〜 （余裕がある), refuse to 〜 （拒絶する）
_____ to 〜 （失敗する), _____ to 〜 （できるようになる）
come to 〜 = get to 〜 （〜するようになる), _____ to 〜 （申し出る）

want to 〜 = would like to 〜 （〜したい）

remember to 〜 （忘れずに〜する）

regret to ～（残念ながら～する）
try to ～（～しようとする）
人 need to ～（～する必要がある）
人 want to ～（～したい）

3'.　SVO (- ing)
enjoy -ing,　_____ -ing（認める、（入学）を認める）
_____ -ing（否定する）,　_____ -ing（熟考する）
_____ - ing（提案する、示唆する）, _____ -ing（避ける）
finish -ing, stop -ing, keep (on) -ing, _____ -ing（気にする）
_____　_____ -ing（やめる、あきらめる）

remember -ing（～したことを覚えている）
regret -ing（～したことを後悔している）
try -ing（試しに～してみる）
物 need -ing（～することが必要である、～される必要がある）
物 want -ing（～することが望ましい、～されることが望ましい）

can't _____ -ing（～せざるを得ない）
thank 人 _____ -ing
how _____ -ing（～はいかがですか）
instead ____ -ing（～する代わりに、～しないで）
in spite _____ -ing（～にもかかわらず）
without -ing（～しないで）
congratulate 人 ____ -ing（人が～するのを祝福する）
accuse 人 _____ -ing（人が～するのを責める）
prevent 人 _____ -ing = stop 人 (from) -ing =
keep 人 from -ing（人が～するのを妨げる、人に～させない）

excuse 人 _____ -ing = forgive 人 for -ing（人に〜したことを許す）

5. SVO(人) C(to 〜)
want 人 to 〜 = would like 人 to 〜 （人に〜して欲しい）

_____ 人 to 〜（頼む）, tell 人 to 〜
_____ 人 to 〜（可能にする）, _____ 人 to 〜（気づかせる）
_____ 人 to 〜（招待する）, _____ 人 to 〜（忠告する）
_____ 人 to 〜（許す、許可する）

5'. SVO(人) C(−)
_____ 人 〜（させる）＜強＞
_____ 人 〜（させる）＜中＞
_____ 人 〜（してもらう）＜弱＞
_____ 人 to 〜（してもらう）＜弱＞

_____ 人 − / -ing（見る、見える）
_____ 人 − / -ing（聞く、聞こえる）
_____ 人 − / -ing（感じる）

|解答| 下線部に適切な英語を書きなさい。

1. SV
succeed in -ing（〜に成功する）, fail in -ing（〜に失敗する）
think of / about -ing
apologise（to 人）for -ing（（人に）〜をあやまる）
insist on -ing（〜すること主張する、要求する）
dream of / about -ing

approve of -ing (認める、承認する)
feel like -ing (〜したい気がする)
look forward to -ing (〜することを期待している)

2. SVC(-ing)
be afraid of -ing (〜することを恐れている)
be sorry for / about -ing (〜したことが残念だ)

2'. SVC(to 〜)
be sorry to 〜 (残念ながら〜する)

3. SVO(to 〜)
decide to 〜 , hope to 〜, promise to 〜, manage to 〜 (なんとかする)
afford to 〜 (余裕がある), refuse to 〜 (拒絶する)
fail to 〜 (失敗する), learn to 〜 (できるようになる)
come to 〜 = get to 〜 (〜するようになる), offer to 〜 (申し出る)

want to 〜 = would like to 〜 (〜したい)

remember to 〜 (忘れずに〜する)
regret to 〜 (残念ながら〜する)
try to 〜 (〜しようとする)
人 need to 〜 (〜する必要がある)
人 want to 〜 (〜したい)

3'. SVO(-ing)
enjoy -ing, admit -ing (認める、(入学) を認める), deny -ing (否定する)
consider -ing (熟考する), suggest -ing (提案する、示唆する)

avoid -ing (避ける)
finish -ing, stop -ing, keep (on) -ing
mind -ing (気にする), give up -ing (やめる、あきらめる)

remember -ing (〜したことを覚えている)
regret -ing (〜したことを後悔している)
try -ing (試しに〜してみる)
物 need -ing (〜することが必要である、〜される必要がある)
物 want -ing (〜することが望ましい、〜されることが望ましい)

can't help -ing (〜せざるを得ない)
thank 人 for -ing
how about -ing (〜はいかがですか)
instead of -ing (〜する代わりに、〜しないで)
in spite of -ing (〜にもかかわらず)
without -ing (〜しないで)
congratulate 人 on -ing (人が〜するのを祝福する)
accuse 人 of -ing (人が〜するのを責める)
prevent 人 from -ing = stop 人 (from) -ing =
keep 人 from -ing (人が〜するのを妨げる、人に〜させない)
excuse 人 for -ing = forgive 人 for -ing (人に〜したことを許す)

5. SVO(人) C(to-)
want 人 to 〜 = would like 人 to 〜 (人に〜して欲しい)

ask 人 to 〜 (頼む), tell 人 to 〜
enable 人 to 〜 (可能にする), remind 人 to 〜 (気づかせる)
invite 人 to 〜 (招待する), advise 人 to 〜 (忠告する)

allow 人 to 〜（許す、許可する）

5'.　SVO(人) C(−)
make 人 −（させる）＜強＞
let 人 −（させる）＜中＞
have 人 −（してもらう）＜弱＞
get 人 to 〜（してもらう）＜弱＞

look at / watch / see / find 人 − / -ing（見る／見える）
listen to / hear 人 − / -ing（聞く／聞こえる）
feel 人 − / -ing（感じる）

準動詞の問題を使って、to 〜、-ing、-ed の違いをつかもう！

問題　次の英文で、適切なものを選びなさい。
　＜不定詞と動名詞 No.1＞

1. Would you mind _____? ＜2つ選択＞
　① me smoke　　② me to smoke
　③ me smoking　④ my smoking

2. She suggested _____ for a swim. ＜2つ選択＞
　① go　　　　② to go
　③ going　　④ (that) we (should) go

3. That car appears _____ down.

第 5 章　準動詞

① have broken　② to have broken　③ having broken

4. Having a car enables ＿＿＿＿＿＿＿＿ around more easily.
   ① you get　　② you to get　　③ you getting

5. Remind ＿＿＿＿＿＿＿＿＿＿＿ my sister.
   ① me phone　　　② me to phone
   ③ my phoning　　④ me phoning

|解答|
2.　③, ④　　4.　②

|問題|　次の英文で、適切なものを選びなさい。
＜不定詞と動名詞 No.2＞

1. Emma is good at ＿＿＿＿＿＿＿＿＿ names.
   ① remember　　　② to remember
   ③ remembering

2. I was annoyed because the decision was made without ＿＿＿＿＿＿＿＿＿＿ me. ＜2つ選択＞
   ① anybody ask　　② anybody to ask
   ③ anybody asking　④ anybody's asking

3. It's a nice morning. How about ＿＿＿＿＿ for a walk?
   ① go　　　② to go　　　③ going

101

4. Jack thanked _____ to see him.
   ① Emma come ② Emma to come
   ③ Emma to coming ④ Emma for coming

5. There's a fence around the lawn to stop _____ on the grass.　＜2つ選択＞
   ① people walk ② people to walk
   ③ people walking ④ people from walking

6. It's a pity Paul can't come to the party.　I was really looking forward _____ him.
   ①　see ②　to see ③　to seeing

7. He doesn't approve _____.
   ①　to swear ②　swearing
   ③　on swearing ④　of swearing

8. He spent hours _____ to repair the clock.　＜2つ選択＞
   ①　try ②　to try
   ③　trying ④　in trying

9. I am busy _____ every day.　＜3つ選択＞
   ①　to work ②　with work
   ③　at work ④　working

10. She had no difficulty _____ a job　＜2つ選択＞
    ①　get ②　to get
    ③　getting ④　in getting

11. Do you like him?" "No, I don't. _____." ＜2つ選択＞
   ① It is difficult to speak to him.
   ② He is difficult to speak to.
   ③ He is difficult to speak.
   ④ It is difficult him to speak.

12. Neil Armstrong was the first (man) _____ on the moon.
   ① walk   ② to walk   ③ walking

13. It's careless _____ the same mistake again and again.
   ① for you to make   ② of you to make
   ③ your making   ④ of your making

14. Leave early _____ the bus. ＜2つ選択＞
   ① so that you won't miss   ② not to miss
   ③ to not miss   ④ for not missing

15. I am saving money _____ to the U. S. A.
   ① go   ② to go   ③ going

| 解答 |

2. ③, ④   4. ④   6. ③   8. ③, ④
10. ③, ④   12. ②   14. ①, ②

| 問題 | 次の英文で、適切なものを選びなさい。

＜不定詞と動名詞 No.3＞

1. When you see Oliver, remember ＿＿＿＿＿＿＿＿ him my regards.
   ① give ② to give ③ giving

2. I knew they were in trouble, but I regret ＿＿＿＿＿＿＿ I did nothing to help them.
   ① say ② to say ③ saying

3. "I can't contact Lucas. He's not at home. What shall I do?"
   "Why don't you ＿＿＿＿＿＿＿＿＿ his office?"
   ① try phone ② try to phone
   ③ try phoning

4. I met George a few days ago. You'll be interested ＿＿＿＿＿＿＿＿＿ that he's just got a job in London.
   ① to know ② knowing
   ③ in knowing

5. I enjoy ＿＿＿＿＿＿＿＿ the kitchen.
   ① clean ② to clean ③ cleaning

| 解答 |
2. ②   4. ①

第5章　準動詞

問題　次の英文で、適切なものを選びなさい。

<現在分詞と過去分詞>

1. There was nothing ＿＿＿＿＿＿＿＿ on the paper.
   ＜2つ選択　＊　意味は異なる＞
   ① write　　　　　　② to write
   ③ writing　　　　　④ written

2. Most of the ＿＿＿＿＿＿＿＿＿＿＿＿＿＿＿＿＿ at the meeting were not very practical.
   ① made suggestions　② suggestions to make
   ③ suggestions made

3. ＿＿＿＿＿＿＿＿＿＿＿＿＿＿＿＿＿＿＿＿＿ has just opened in the town.
   ① A 700 people employing factory
   ② A factory to employ 700 people
   ③ A factory employing 700 people

4. She is really ＿＿＿＿＿＿＿＿＿ about going to Paris.
   ① excite　　　　　　② to excite
   ③ exciting　　　　　④ excited

5. Going to new places is always ＿＿＿＿＿＿＿＿.
   ① excite　　　　　　② to excite
   ③ exciting　　　　　④ excited

6. I've got nothing to do.　I'm ＿＿＿＿＿＿＿＿.

① bore ② to bore
③ boring ④ bored

7. I thought I heard somebody _____ 'Hi', so I looked around.
    ① say ② to say ③ saying

8. Oh! I can feel something _____ up my leg! It must be an insect.
    ① crawl ② to crawl ③ crawling

9. I've never heard _____ the piano. <2つ選択>
    ① him play ② for him to play
    ③ his playing ④ him playing

10. I have had my hair _____.
    ① cut ② to cut ③ cutting

解答
2. ③   4. ④   6. ④   8. ③   10. ①

問題 次の英文で、適切なものを選びなさい。
<分詞構文>

1. _____ her work, she went to bed.
    ① To finish ② To have finished
    ③ Finishing ④ Having finished

2. She went out _____ she would be back in an hour.
   ① say   ② to say
   ③ saying   ④ said

3. _____ able to speak the local language, I had trouble communicating.
   ① Not to be   ② To be not
   ③ Not being   ④ Being not

4. _____ nearly all our money, we couldn't afford to stay at a hotel.
   ① To spend   ② To have spent
   ③ Spending   ④ Having spent

5. _____ from the sky, it looks like rain.
   ① Judge   ② To judge   ③ Judging

解答
2. ③   4. ④

コラム2：なぜ動詞の ing 形には名詞的意味と動詞的意味が混在しているのか？

　なぜ動詞の ing 形には、「〜している：running、〜する：surprising」という動詞的意味（現在分詞）と、「〜すること」という名詞的意味（動名詞）の全く異なる意味と用法が混在しているのだろうか。さらに、動名詞に「〜したこと、〜していること」と過去的意味や進行的意味が含まれているのはなぜだろうか。I remember <u>seeing</u> you yesterday.（昨日あなたに<u>会ったことを</u>覚えている。（It is）nice <u>meeting</u> you.（あなたに<u>会ったこと／会っていることは</u>嬉しい。→　これからもずっとよろしく。長く話し込んだ後に述べる挨拶の言葉）。動名詞は、過去的、一般的、消極的、であるのに対して、to 不定詞は、未来的、個人的、肯定的、であるという違いはどうして起こるのか。I remember <u>to see you</u> tomorrow.（明日あなたに<u>会うことを</u>覚えている。）（It is）nice <u>to meet</u> you.（あなたに<u>これから会うことが</u>嬉しい。→　これからよろしく。初めに述べる挨拶の言葉）。

　動名詞が多様な意味体系を持っている理由を説明するのに有力な論を、伊関（2013）は動名詞と現在分詞の歴史的変遷説に基づいて、次のように述べている：

1. 古英語（450〜1150 頃）では V-ing（動名詞）と V-ende（現在分詞）があった。
2. 古英語における動名詞 V-ing は現代のそれとは大きく異なる。古英語における V-ing の特徴は現代英語における「派生名詞」とほぼ同等の性質を持っていた。

(a)　John's "<u>refusing</u>" the offer suddenly surprised us.（動名詞：現代英語）

※　古英語においては、動名詞は直接目的語を取らなかったが、現代英語で

コラム 2：なぜ動詞の ing 形には名詞的意味と動詞的意味が混在しているのか？

は取る。

= (b)　John's sudden "<u>refusal</u>" of the offer surprised us.　（派生名詞：現代英語）

　古英語における動名詞 V-ing は (b) の派生名詞と同様に直接目的語を取らず、副詞と共起できない名詞的な文法構造を持っていた。一方、(a) のような現代英語における動名詞 V-ing は本来、現在分詞が持つ動詞的性質に近いものである。中尾・児馬編（1990, pp. 187-188）および児馬（1996, pp. 104-108）では、図1のように説明されている。

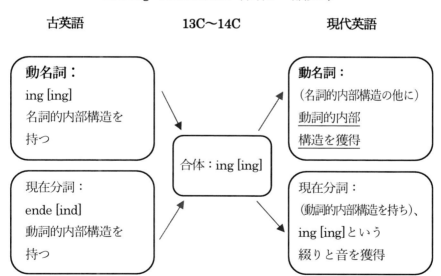

図1: ing の歴史的変遷（筆者が一部修正）

［iŋg］（ing の発音）＞［in］という動名詞の音的変化と、［ind］（ende の発音）＞［in］という現在分詞の音的変化によって両者がほぼ同音になり、現在分詞が［iŋg］とう音と ing という形態を動名詞から譲り受け、一方、動名詞は動詞句の内部構造を持つ現在分詞の統語的性質（現在分詞語尾 –ende は、–ing に変わる前から、of なしで、直接、対格目的語を従えていた）を譲り受けた。対格とは直接目的語（～を）を表す言葉である。同じ語尾を持つ、現代英語の動名詞と現在分詞は、古英語の動名詞と現在分詞が、それぞれの属性の一部を交換し合った結果、生まれた現象と見なすことができる（児馬 1996, p. 109）。

　to 不定詞の to は「～へ」という方向を表す前置詞の to と同じ源から発している（大津 2004）。そこで、名詞的意味（～すること）を表す to 不定詞と動名詞において、to 不定詞が未来志向であるのに対し、動名詞は過去志向を表す傾向が生まれるのは必然の棲み分けである。現在を表すには、to 不定詞も動名詞も同様に使用されるが、動名詞には現在分詞の持つ動詞的意味「～している、～する」も含まれているので、現在志向を表す場合には動名詞が多く使用されると考えられる。(It is) nice <u>meeting</u> you.（<u>会ったこと／会っていることは嬉しい。</u>→　これからもずっとよろしく。長く話し込んだ後に述べる挨拶の言葉）

　動名詞は 13～14 世紀に本来持っていた名詞的性質に加え、動詞的性質を持っていた現在分詞との綴りと発音の統一により、現在分詞の持っていた動詞的意味を獲得した。その為、現代英語の動名詞には古英語からの名詞的意味と現在分詞に由来する動詞的意味（～している、～する）が共存している。また、未来志向の to 不定詞との対比で、動名詞は動作の過去的な意味を持つことができ、過去からの流れで「動作の一般的な意味」を持つこともでき、動名詞と to 不定詞を目的語に持つことができる他動詞をその相性から限定的なものにする場合を生じている。

参考文献

伊関敏之 (2013) 「動名詞を中心とした世界―不定詞および現在分詞との比較を中心に―」『人間科学研究』 第 9 号 1-16 早稲田大学人間科学学術院 [編] 早稲田大学 人間科学学術院

児馬修 (1996) 『ファンダメンタル英語史』 ひつじ書房

中尾俊夫、児馬修（編著） (1990) 『歴史的にさぐる現代の英文法』 大修館書店

大津由紀雄 （２００４） 『英文法の疑問恥ずかしくてずっと聞けなかったこと』 NHK 出版

(この内容は、2024 年 9 月 5 日 『ASU 多言語・多文化教育研究会』 愛知産業大学 での西田一弘の発表「英語「-ing 形」の形態と意味の歴史的考察」を基に、加筆修正を加えたものである。なお、この文章は愛知産業大学短期大学　短大教員ブログ令和 6 年 10 月号にも掲載されている。)

間接話法、関係代名詞・関係副詞、仮定法とはどのようなものか？

Kazuhiro Nishida's Self-introduction

Hello, everyone!

I am Kazuhiro Nishida, an English teacher at college. I am originally from Osaka, living in Okazaki city, **which** （関係代名詞・目的格）many people should think（it は不要）famous for Haccho-miso or Haccho soybeasn paste, Tokugawa Ieyasu, one of the greatest samurai warriors in Japan, and of course, ASU.

I have been into Ohtani, an MLB player, for seven years. I sometimes get up very early in the morning, seeing him play baseball on YouTube, **where** （関係副詞）you can study English while enjoying yourself.

（仮定法）**If** I **were** a bird, I **would** definitely fly to America to see him playing baseball. Many people **thought** (that) it **was** （間接話法）impossible to become a two-way baseball player, but he is now. （仮定法）I **wish** all of you **would** keep on studying something, hopefully English like Ohtani.

Nice to see you and nice meeting you, all!

第6章　話法

　直接話法とは日本語では、「　　」を英語では"　　"使い、言った言葉をそのままに書くのに対して、間接話法とはこれらの記号を使用せず、「　　」あるいは"　　"の内容を伝える話し方です。

　具体的には基本的には直接話法では say（言葉を発する）を使用するのに対して、間接話法では say 以外にも tell（教えてあげる）や ask（頼む、尋ねる）などの感情を含んだ動詞を使用します。

　間接話法と直接話法に変換する場合、①時制、②人称、③時や場所を表す副詞、が変更になります。

間接話法
* **時制と人称の一致に注意**

問題1．次の直接話法の英文を間接話法に書き換えなさい。

1.　I said, "I am happy with you."　　（"平叙文"）

　　_____

1'.　I said to him, "I am happy with you."　（"平叙文"）

　　_____

2.　I said to him, "Be quiet."　（"命令文"）

　　_____

2'.　I said to him, "Please be quiet."　（"Please＋命令文"）

　　_____

3. I said to him, "What time is it?"　("Wh-疑問文")
   _____

3'. I said to him, "Do you know her?"　("普通の疑問文")
   _____

間接話法
* **時制と人称の一致（主節の時制と人称を合わせる）**

問題1. 次の直接話法の英文を間接話法に書き換えなさい。

1. I said, "I am happy with you."　("平叙文")
   I said (that) I **was** happy with you.

1'. I said to him, "I am happy with you."　("平叙文")
   I **told** him (that) I **was** happy with **him**.

2. I said to him, "Be quiet."　("命令文")
   I **told** him **to be** quiet.

2'. I said to him, "Please be quiet."　("Please＋命令文")
   I **asked** him **to be** quiet.　(＝I **told** him **to be** quiet **politely**.)
   頼んだ

3. I said to him, "What time is it?"　("Wh-疑問文")
   I **asked** him **what** time it **was**.
   尋ねた

3'. I said to him, "Do you know her?" ("普通の疑問文")
　I **asked** him **whether** / **if he** knew her.
　　かどうか

変化する副詞

問題2. 場所や時を表す副詞は、直接話法から間接話法に変える場合にどのように変わるか答えなさい。

1. this　　　　→ _____
2. here　　　　→ _____
3. now　　　　 → _____
4. today　　　 → _____
5. tomorrow　 → _____
6. yesterday　→ _____
7. last night 　→ _____
8. last ～　　　→ _____
9. next ～　　 → _____
10. (two days) ago → _____

変化する副詞

問題2. 場所や時を表す副詞は、直接話法から間接話法に変える場合にどのように変わるか答えなさい。

1.	this	→	**that**（それ）
2.	here	→	**there**（そこで）
3.	now	→	**then**（その時に）
4.	today	→	(on) **that** day / on **the** day（その日に）
5.	tomorrow	→	**the** next day / **the** following day / **the** day after
6.	yesterday	→	**the** last day / **the** previous day / **the** day before
7.	last night	→	**the** last night / **the** previous night / **the** night before
8.	last 〜	→	**the** last 〜 / **the** previous 〜 / **the** 〜 before
9.	next (year / month)	→	**the** next (year / month) / **the** following (year / month) / **the** (year / month) after
10.	(two days) ago	→	(two days) **before**（その前に）

＊ 間接話法では、時や場所を表す副詞は、"the"（その：言った時を表す）を入れる。

I said to him yesterday, "Please meet me tomorrow."
⇒ I **asked** him yesterday **to meet** me **the next day** <= today>.
(× tomorrow).
I said to him yesterday / on December 1st, "Meet me tomorrow".
⇒ I **told** him yesterday / on December 1st **to meet** me **the next day**.
(= **today** / **on December 2nd**).

第6章　話法

問題　次の英文で、適切なものを選びなさい。

<話法>

* 従属節は主節が過去の場合は、動詞の時制を古くする。ただし、文脈上で分かり、考えるのが面倒なので、過去完了形は過去形のままでも良い。

1. I thought you said you _____ to the cinema last week. ＜2つ選択＞
   ① go　　　　　　　　② have gone
   ③ went　　　　　　　④ had gone

2. He said (that) he _____ Lisa recently.
   ＜2つ選択＞
   ① doesn't see　　　　② hasn't seen
   ③ didn't see　　　　 ④ hadn't seen

3. Alex was very much in love with Jenny, so he _____ _____.
   ① asked her marrying her　② asked her marry her
   ③ asked her marry him　　 ④ asked her to marry him

4. You said you _____ tomorrow evening. ＜2つ選択＞
   ① are working　　　　② were working
   ③ will be working　　④ would be working

117

5. _____ does this book belong?
   ① Who
   ② To who
   ③ Whom
   ④ To whom

6. He _____. <2つ選択>
   ① told me where I went.
   ② asked me where I went.
   ③ told me where I had gone.
   ④ asked me where I had gone

7. He _____ him some money.
   ① told me can I lend
   ② told me I can lend
   ③ told me I could lend
   ④ asked me I can lend
   ⑤ asked me I could lend
   ⑥ asked me if I could lend

8. I have no idea _____.
   ① who is that woman
   ② who that woman is
   ③ whom is that woman
   ④ whom that woman is

9. _____ in that house?
   ① Who do live
   ② Who does live
   ③ Who lives
   ④ Whom does live
   ⑤ Whom lives

10. _____ on the floor?
    ① What did fall
    ② What fall did
    ③ What fell

118

解答
2. ③, ④　　4. ②, ④　　6. ②, ④　　8. ②　　10. ③

第7章　関係代名詞・関係副詞

> 先行詞：人・・・who / whose / [who(m)]
> 先行詞：物・・・which / whose / [which]

* 先行詞とは関係代名詞・関係副詞で修飾する（説明する）名詞のことです。この場合、関係代名詞・関係副詞は形容詞節（S+V・・・＝文）となります。

＜主格＞
先行詞が人の場合：**who**（＋ 動詞 ＋ …）
先行詞が物の場合：**which**（＋ 動詞 ＋ …）
* that で置き換えが可能です。

1. The woman <**who** lives next door> is a doctor.
 　　　　　　　隣に住んでいる

2. Anyone <**who** wants to apply for the job> must do so by Friday.
 　　　　　　　その仕事の申し込みをしたい

3. We know a lot of people <**who** live in the country>.
 　　　　　　　　　　　その国（田舎）に住んでいる

4. Where is the cheese <**which** was in the fridge>?
 　　　　　　　　　　冷蔵庫に入っていた

5. The machine <**which** broke down> is working again now.
   　　　　　　　　　故障した

6. **Everything** <that　×which　happened> was my fault.
   　　　　　　　　　　　　起こった

7. <**Wha**t **happened**> was my fault.
   こと（もの）（= **The thing(s) which happened**）

＜所有格＞
先行詞が人の場合：**whose**（＋　先行詞に所属する名詞　＋　…）
先行詞が物の場合：**whose**（＋　先行詞に所属する名詞　＋　…）

1. We saw some people <**whose car(s) had broken down**>.
   　　　　　　　　　　　　　車がこわれた

2. The car <**whose owner is not decided**> is over there .
   　　　　　　所有者が決まっていない

＜目的格＞
先行詞が人の場合：**who(m)**（＋　主語　＋　動詞　＋　目的語がない）
先行詞が物の場合：**which**（＋　主語　＋　動詞　＋　目的語がない）
＊　that で置き換えが可能で、省略も可能です。

1. The woman <**who(m) I wanted to see**　　　> was away on Friday.
   　　　　　　　私が会いたい（会いたかった）

2. Do you know the woman <who(m) Tom is talking to   >?
   トムが話し（かけ）ている

3. The man <who(m) I was sitting next to   on the train> talked all the time.
   電車で私が隣に座っていた

4. The people <with whom I work> are very nice.
   私が一緒に働いている

5. The people <who(m) I work with   > are very nice.
   私が一緒に働いている

6. Is there anything <which I can do   >?
   私ができる

7. The bed <which I slept in   last night> wasn't very comfortable.
   私が昨夜寝た

8. Everything <that ×which they said   > was true.
   彼らが言った

9. I gave her all the money <that ×which I had   >.
   私が持っている（いた）

10. Did you hear <what they said   >?
    こと（もの）彼らが言った

   what = the thing(s) which

＜関係副詞＞

This is the time <when (= at which) I was born   >.
　　　　　時間

This is the place <where (= at which) I was born   >.
　　　　　場所

This is the reason <why (= for which) I was born   >.
　　　　　理由、わけ

This is the way / <how <(= in which) I was born   >.
　　　　　方法、やり方
　　＊ the way と how はどちらか一方しか使えません。

　then = at the time
　there = at the place

　関係副詞は、先行詞が「物」なので、「**前置詞 ＋ which（関係代名詞の目的格）**」で書き換えが可能です。なお、「関係代名詞の目的格と同じく」thatと書き換え可能で、省略も可能です。

1. The restaurant <where (= at which) we had dinner> was near the airport.
　　　　　　　　　私達が夕食を食べた

2. I recently went back to the city <where (= in which) I grew up>.
　　　　　　　　　　　　　　　　　　　　私が育った

3. Do you remember the day <when (= on which) we went to the zoo>?
　　　　　　　　　　　　　　私達が動物園に行った

4. The reason <u>why</u> (= <u>for which</u>) I'm phoning you> is to ask your advice.
   　　　　　　　　　私があなたに電話をしている

5. <u>The way</u> / <<u>how</u> (= <u>in which</u>) I study English> is to watch Ohtani on YouTube.

<","（カンマ）がある場合>

* 非制限用法／継続用法と言います。

　　関係代名詞の前に"，"（カンマ）がある場合は、カンマの後は「**接続詞 (and, but, because など) と代名詞 (he, his, him / she, her, her / it, its, it / they, their, them)**」に、関係副詞（where, when）の前に"，"（カンマ）がある場合は、カンマの後は「**接続詞 (and, but, because など) と副詞 (there, then)**」に書き換えが可能で、そのような意味になります。

1. Bob has <u>three</u> <u>brothers</u>, <<u>who</u> (= and they) / two of <u>whom</u> (= and two of them) are married.>
   そして**彼ら**は／**彼ら**の内2人は結婚している
   * オリビアの兄（弟）は何人？

2. Olivia has <u>three</u> <u>brothers</u> <<u>who</u> are married>, and <u>two brothers</u>
   　　　　　　　　　　　　　　　結婚している
   <who are not>.
   * オリビアの兄（弟）は何人？

3. Tom, <u>who</u> (= because / and he) speaks French and Italian>,
   works as a tourist guide.
   （というのは／そして）**彼は**フランス語とイタリア語を話すので／が

4. Cathy, <<u>whose</u> car (= because her car) had broken down>,
   was in a very bad mood.
   　　　　　　　　　　彼女の車が故障していたので

5. Fred told me about <u>his new job</u>, <<u>which</u> (= and … it)
   he's enjoying　　very much>.
   　　そして彼はそれをとても楽しんでいる

6. We stayed at <u>the hotel</u> <<u>which</u>　×where　you (had) recommended>.
   　　　　　　　　　　　　あなたが推薦した

7. Yesterday we visited <u>the City Museum</u>, <<u>which</u>　×where
   (= but / and … it) I'd never been to　　before.>
   　しかし／そして私は**そこに**、それ以前行ったことがなかった。

8. What's the name of <u>the place</u> <<u>where</u> (= <u>to</u> which) you went
on holiday>?
   　　　　　　　　　　あなたが休日に行った

9. Kathy has just been to <u>France</u>, <<u>where</u> (= in which) = (and…there)
(= and … in it) her daughter lives>.
   　　そして彼女の娘は**そこに**住んでいる

　　＊　適切な be 動詞は以下の通りです。これが正しい理由を考えてみましょ

う。( ) 内の be 動詞は略式で使えます。

None of the students <u>is (are)</u> rich.　**None** of the money <u>is</u> left.
One of the students <u>is</u> rich.
Neither of the students <u>is (are)</u> rich.
Either of the students <u>is</u> rich.
Both of the students <u>are</u> rich.
Each of the students <u>is</u> rich.　(≒ **Each** student is rich.)

*　部分 of the 全体

全体 2 つ：one (≒ either), the other, = both ⇔ neither
全体 3 つ以上：one, another, another, another …… the other
= all ⇔ none

All [(of) the] people
Some (of the) people

10. <u>Two</u> men, <<u>**neither of** whom</u> (= and <u>**neither of**</u> them) I had seen　before,> came into the office.
　　(そして) 私は**彼ら**の二人とも会ったことがなかったが、

11. James tried on <u>three jackets</u>, <<u>**none of**</u> which (= but <u>**none of**</u> them fitted him.>
　　しかし**そ**のどれも彼には合わなかった。

12. We stayed at <u>a beautiful hotel</u>, <the name of which (= but … the name of it) I can't remember　　now.>

しかし私は今その名前を思い出すことができない

13. Bill got the job, <which (= and it) surprised everybody.>
    そしてそれは皆を驚かせた。→（そして）皆はそれで驚いた。

14. The weather was good, <which (= and / but … it) we hadn't expected .>
    そして／しかし私たちはそれを予想していなかった。

|問題| 次の英文で、適切なものを選びなさい。
＜関係代名詞・関係副詞＞

1. The people ＿＿＿＿＿ arrested have now been released.
   ＜2つ選択＞
   ① who was   ② who were   ③ which was
   ④ which were   ⑤ that was   ⑥ that were

2. It seems that the earth is the only planet ＿＿＿＿ can support life.
   ① who   ② whose   ③ whom
   ④ which   ⑤ that   ⑥ it

3. The museum ＿＿＿＿＿ I wanted to visit was shut when we got there.＜4つ選択＞
   ① who   ② whom   ③ which
   ④ where   ⑤ that   ⑥ なし

4. I met a man ＿＿＿＿＿＿＿＿＿ is an English teacher.

<2つ選択>

① who wife　　② whose wife
③ whom wife　　④ the wife of who
⑤ the wife of whose　　⑥ the wife of whom

5. I always remember _____ I first met you.
   * 意味が全く異なるものを１つ選択
   ① the day when　② the day that　③ the day
   ④ when　⑤ that

6. What's the name of the restaurant _____ you told me.
   ① who　② about whom　③ which
   ④ about which　⑤ that　⑥ about that

7. We stayed at the Imperial Hotel, _____ a friend of ours had recommended.
   ① who　② whose　③ whom
   ④ which　⑤ where　⑥ it

8. Linda, _____ I've known for a very long time, is one of my closest friends.　<２つ選択>
   ① who　② whose　③ whom
   ④ which　⑤ that　⑥ him

9. Dorothy has three brothers, _____ are married.
   <２つ選択>
   ① all of them　② all of who　③ all of whom
   ④ neither of whom　⑤ none of whom

⑥ either of whom ⑦ one of whom

10. Jennifer couldn't come to the party, _____ was a pity.
    ① who   ② whom   ③ which
    ④ where   ⑤ that   ⑥ it

|解答|
2. ⑤   4. ②, ⑥   6. ④   8. ①, ③   10. ③

第8章　仮定法

　以下の2通りのプロポーズの言葉で、どちらのプロポーズの言葉が望ましいでしょうか。

If I <u>am</u> rich, <u>will</u> you <u>marry</u> me?
If I <u>were / was</u> rich, <u>would</u> you <u>marry</u> me?

If I <u>have</u> 1 million yen, I <u>will</u> buy a used car.
If I <u>had</u> 30 million yen, I <u>would</u> buy a house.

＜現在の事実の反対　→　過去に戻る：動詞を過去形にする＞

If I <u>were / was</u> rich, <u>would</u> you <u>marry</u> me?
　　　過去形　　　助動詞の過去形
If I <u>had</u> 30 million yen, I <u>would buy</u> a house.
　　　過去形　　　　助動詞の過去形
(**If** it <u>were / was</u> possible,) <u>would</u> you <u>open</u> the window?
If you <u>would / could help</u> me, / **If** you <u>helped</u> me, I <u>would be</u> very much obliged to you.

＜過去の事実の反対　→　過去の前に戻る：動詞を過去完了形にする＞

If I <u>had had</u> (= <u>I'd had</u>) ten thousand yen yesterday, I <u>would have eaten</u> gorgeous dinner, and I <u>would be</u> happier now.
　　　　　　　　（過去を変えると現在が変わる）

＜未来を変えたい＞

I **wish** I <u>had</u> 30 million yen.
① 状態動詞：**knew, resembled, were (was), had, liked, loved** など状態を表す動詞では意志を表す would, could, might とは一緒に使えない。
② 動作動詞（状態動詞以外のすべての動詞）：would・could・might ＋ 動詞の原形

① I **wish** I <u>were</u>（状態動詞）a doctor.
② I **wish** I <u>would / could become</u>（動作動詞）a doctor.

＜過去を変えたい＞

① I wish I <u>had had</u>（状態動詞）ten thousand yen yesterday.
　　I wish I <u>had been</u>（状態動詞）a doctor.
② I wish I <u>had become</u>（動作動詞）a doctor.

仮定法のまとめ

If … 動詞の過去形（-ed）…, … would / could / might ……．
　　（would：未来の仮定 or 不平不満）
　　（could：「できれば」の意味を強調したい時）
もし … が … すれば（したら）、… は … するだろう／できるだろう。

If … 動詞の過去完了形（had -ed）…, … would / could / might have －ed …．
もし・・が・・・していたら、・・は・・・していただろう（しただろう）／できただろう。

… wish … 状態動詞の過去形（-ed）／ would / could / might 動作動詞….
もし … が … すればなあ（したらなら）／できたらなあ。

… wish … 動詞の過去完了形（had -ed）…….
　　　　（would have -ed：不平不満）、（could have -ed：「できていれば」
　　　　の意味を強調したい時）
もし … が … していたらなあ／できていたらなあ。

問題　次の英文で、適切なものを選びなさい。
<仮定法>

1. If it _____ tomorrow, I will stay home all day long.
   <2つ選択>
   ① rains　　　② is rainy　　　③ rained
   ④ was rainy　⑤ will rain　　　⑥ will be rainy
   ⑦ would rain　⑧ would be rainy

2. What would you do if there _____ a fire in the building?
   <2つ選択>
   ① is　　　② are　　　③ was
   ④ were　　⑤ would be

3. If I wanted his advice, _____ for it.
   <2つ選択>
   ① I will ask　　② I'll ask　　③ I would ask
   ④ I had ask　　⑤ I had asked　⑥ I'd ask
   ⑦ I'd asked

4. We _____ lunch outside if it weren't raining.
   ＜2つ選択＞
   ① can have   ② could have   ③ could have had
   ④ will have   ⑤ would have   ⑥ would have had

5. If we _____ them the truth, they wouldn't believe us.
   ① tell   ② tells
   ③ told   ④ would tell

6. You are always tired.　If you _____ to bed so late every night, you wouldn't be tired all the time.
   ① don't go   ② didn't go
   ③ won't go   ④ wouldn't go

7. If you had had some breakfast, you _____ hungry.
   ＜2つ選択＞
   ① aren't   ② weren't   ③ wasn't
   ④ won't be   ⑤ wouldn't be   ⑥ wouldn't have been

8. We'd have enjoyed my holiday more if the weather _____ nicer.
   ① is   ② was   ③ were
   ④ had been   ⑤ will be   ⑥ would have been

9. I wish it _____ raining. ＜2つ選択＞
   ① stop   ② stops   ③ stopped
   ④ had stopped   ⑤ will stop   ⑥ would stop

10. I wish he _____ my phone number. <2つ選択>
    ① know   ② knows   ③ knew
    ④ had known   ⑤ will know   ⑥ would know
    ⑦ would have known

解答

2. ③, ④   4. ②, ⑤   6. ②   8. ④   10. ③, ④

参考資料

1. 文の要素と単語の品詞
① 主語（S）　　　　　← 名詞（代名詞）
② （述語）動詞（V）　← 動詞
③ 目的語（O）　　　　← 名詞（代名詞）
④ 補語（C）　　　　　← 名詞
　　　　　　　　　　　　形容詞＜叙述用法＞
⑤ 修飾語（M）　　　　← 形容詞＜限定用法＞
　　　　　　　　　　　　副詞

2. 5文型（形式と意味）
① S（～は）　V（～する）
② S（～は）　V（～する）　　C（人だと、＜状態＞だと）
③ S（～は）　V（～する）　　O（人に、物を）
④ S（～は）　V（～する）　　O（人に）　O（物を）
※ 前者のOを間接目的語（IO）、後者のOを直接目的語（DO）という。
⑤ S（～は）　V（～する）　　O（人を）　C（～＜状態＞だと）

3. 5文型（例文）
① I live (in Aichi). / I will sing (tomorrow).

② I am a student. / I am happy.
　　　　　　　C　　　　　　　C
③ I will give (some) money (to you). /
　　　　　　　　　　　O

　I will sing a song (for you).
　　　　　　　O

④　I will give you (some) money. / I will sing you a song.
　　　　　　　O　　　　　O　　　　　　　　O　O
⑤　He made me swim.　＜I swim … ①＞
　　　　　　O　C（原形不定詞）

He makes me (very) happy.　＜I am (very) happy.… ②＞
　　　　　　O　　　　　C

He will make me a (happy) person.
　　　　　　　　O　　　　　C
＜I am a (happy) person.… ②＞
He will make me <u>ride a bicycle.</u>　＜I ride a bicyle. … ③＞
　　　　　　　　O　　C（原形不定詞）
※　（　）は修飾語（M）である。

あとがき

　2024年11月の日経新聞に、「日本の英語力92位に転落」という記事があった。それによれば、語学学校を世界展開する企業、EF エデュケーション・ファーストがこのほど発表した英語圏以外の国・地域の2024年版「英語能力指数」で、日本は過去最低の92位に転落し、さらに、11年の発表開始以来、急速な国際化に逆行し日本の順位はほぼ下落が続き、英語力の低下に歯止めがかかっていないということだった。

　何かが間違っている我が国の英語学習。不平を言うのは簡単だが、では、具体的にどうすればいいのかを何十年も悩んできた。そしてたどり着いたのが本書である。まだまだ、未熟なところもあるが、良き仲間に恵まれ、やっと完成した。まだ、初めの一歩としてpilot plan（試験的計画）としての本書である。

執筆者略歴と執筆箇所

岸上　英幹
　防衛大学校教授、英国暁星国際学園勤務、オーストラリア大使館国際交流コンサルタント、愛知産業大学短期大学教授、立教女学院短期大学教授、森永エンゼル財団フェロー、上智大学文学部英文学科卒業、立教大学大学院文学研究科修了、米国州立ウエストバージニア大学修士課程単位取得満期退学
　はじめに、第1〜4章、あとがき

西田　一弘
　愛知産業大学短期大学国際コミュニケーション学科准教授、(株)兼松江商勤務、関西学院大学商学部卒業、愛知淑徳大学大学院コミュニケーション研究科異文化コミュニケーション専攻　博士前期課程修了、博士課程後期課程単位取得満期退学、東京大学大学院総合文化研究科言語情報科学専攻修士課程単位取得満期退学、名古屋大学大学院人文学研究科人文学専攻言語学専門　博士課程前期課程修了、博士課程後期課程単位取得満期退学
　目次、第5〜8章、コラム2、参考資料、編集

日下　智博
　株式会社ENBASE ファウンダー兼取締役、凸版印刷株式会社、REGAIN株式会社執行役員、株式会社ENBASE ファウンダー兼取締役、岩手大学工学部卒業、岩手大学大学院工学研究科修了
　はじめに、第1〜4章、コラム1

JCOPY 〈㈳出版者著作権管理機構 委託出版物〉

本書の無断複写（電子化を含む）は著作権法上での例外を除き禁じられています。本書をコピーされる場合は、そのつど事前に㈳出版者著作権管理機構（電話 03-5244-5088、FAX 03-5244-5089、e-mail: info@jcopy.or.jp）の許諾を得てください。
また本書を代行業者等の第三者に依頼してスキャンやデジタル化することは、たとえ個人や家庭内での利用であっても著作権法上認められておりません。

間違った英語学習を見直そう!!
ルールで覚えず、感じる英文法

2025 年 4 月15 日　初版発行

著　者　　岸上　英幹
　　　　　西田　一弘
　　　　　日下　智博

発　行　　ふくろう出版
　　　　　〒700-0035　岡山市北区高柳西町 1-23
　　　　　　　　　　　友野印刷ビル
　　　　　TEL：086-255-2181
　　　　　FAX：086-255-6324
　　　　　http://www.296.jp
　　　　　e-mail：info@296.jp
　　　　　振替　01310-8-95147

印刷・製本　　友野印刷株式会社
ISBN978-4-86186-931-0 C3082
©KISHIGAMI Hidemasa, NISHIDA Kazuhiro, KUSAKA Tomohiro 2025

定価はカバーに表示してあります。乱丁・落丁はお取り替えいたします。